SÃO PAULO

SÃO PAULO

A FUNDAÇÃO DO UNIVERSALISMO

COLEÇÃO
ESTADO de SÍTIO

ALAIN BADIOU

Tradução de Wanda Caldeira Brant

Copyright © Boitempo Editorial, 2009
Copyright © Presses Universitaires de France, 1997

Edição original: *Saint Paul, la fondation de l'universalisme* (Paris, Presses Universitaires de France, 1997, coleção Les essais du Collége International de Philosophie).

COORDENAÇÃO EDITORIAL	Ivana Jinkings
EDITOR-ASSISTENTE	Jorge Pereira Filho
ASSISTÊNCIA EDITORIAL	Frederico Ventura e Elisa Andrade Buzzo
TRADUÇÃO	Wanda Caldeira Brant
REVISÃO DA TRADUÇÃO	Ronaldo Manzi Filho
PREPARAÇÃO	Tatiana Ferreira de Souza
REVISÃO	Vivian Miwa Matsushita
CAPA E DIAGRAMAÇÃO	Silvana de Barros Panzoldo sobre óleo de Etienne Parrocel, *Saint Paul* (sec. 18)
COORDENAÇÃO DE PRODUÇÃO	Juliana Brandt
ASSISTÊNCIA DE PRODUÇÃO	Livia Viganó

CIP-BRASIL. CATALOGAÇÃO NA FONTE
SINDICATO NACIONAL DOS EDITORES DE LIVROS, RJ

B126s

Badiou, Alain, 1937-
    São Paulo : a fundação do universalismo / Alain Badiou ; tradução de Wanda Caldeira Brant. – São Paulo : Boitempo, 2009.
        il. – (Estado de Sítio)

    Tradução de: Saint Paul : la fondation de l'universalisme
    Inclui bibliografia
    ISBN 978-85-7559-150-5

    1. Paulo, Apóstolo, Santo – Contribuição ao conceito de universalismo. 2. Bíblia. N.T. Epístolas de Paulo – Crítica, interpretação, etc. 3. Universalismo – Ensinamentos bíblicos. I. Título. II. Título: A fundação do universalismo.
    09-4771.   CDD: 227
                                                                                  CDU: 27-248.4

É vedada a reprodução de qualquer parte deste livro sem a expressa autorização da editora.

1ª edição: outubro de 2009
1ª reimpressão: setembro de 2016; 2ª reimpressão: fevereiro de 2025

BOITEMPO EDITORIAL
Jinkings Editores Associados Ltda.
Rua Pereira Leite, 373
05442-000 São Paulo SP
Tel./fax: (11) 3875-7250 / 3872-6869
editor@boitempoeditorial.com.br | boitempoeditorial.com.br
blogdaboitempo.com.br | youtube.com/tvboitempo

SUMÁRIO

Prólogo 7

1 Contemporaneidade de Paulo 11

2 Quem é Paulo? 25

3 Textos e contextos 41

4 Teoria dos discursos 51

5 A divisão do Sujeito 67

6 A antidialética da morte e da ressurreição 77

7 Paulo contra a lei 89

8 O amor como força universal 101

9 A esperança 109

10 Universalidade e travessia das diferenças 115

11 Para concluir 125

Posfácio, por Vladimir Safatle 131
De que filosofia do acontecimento a esquerda precisa?

Obras do autor 143

PRÓLOGO

Estranho empreendimento. Há muito tempo esse personagem acompanha-me, ao lado de outros como Mallarmé, Cantor, Arquimedes, Platão, Robespierre, Conrad... (para não entrar em nosso século). Há quinze anos, escrevi uma peça, *l'Incident d'Antioche*, cuja heroína chama-se Paula. A mudança de sexo criava barreira, sem dúvida, para qualquer identificação demasiadamente clara. Na realidade, Paulo não é, para mim, um apóstolo ou um santo. Eu não tenho a menor necessidade da Nova que ele declara ou do culto que lhe foi consagrado. Mas ele é uma figura subjetiva de importância fundamental. Sempre li as epístolas como quando voltamos aos textos clássicos que nos são particularmente familiares, caminhos abertos, detalhes abolidos, força intacta. Nenhuma transcendência, para mim, nada de sagrado, igualdade perfeita com qualquer outra obra, uma vez que ela me toca pessoalmente. Um homem inscreveu de maneira penosa essas frases, essas mensagens veementes e ternas, e podemos tomá-las emprestado livremente, sem devoção nem repulsa. E ainda mais no meu caso, porque hereditariamente ateu, e até mesmo, por meus quatro avós preceptores, mais educado no desejo de esmagar a infâmia clerical, descobri tarde as epístolas, como textos curiosos, cuja poética impressiona.

Na realidade, jamais liguei Paulo à religião. Não foi desse ponto de vista, nem para testemunhar uma fé qualquer, nem sequer uma antifé, que me interessei por ele há muito tempo. Nem tampouco para dizer a verdade – mas a emoção foi menor – que me apropriei de Pascal, de Kierkegaard ou de Claudel, a partir do que havia de explícito em

8 • São Paulo

suas pregações cristãs. De qualquer maneira, o caldeirão em que se cozinha o que será uma obra de arte e de pensamento é cheio de impurezas inomináveis até a borda; contém obsessões, crenças, labirintos infantis, perversões diversas, lembranças impartilháveis, leituras de fragmentos das mais variadas origens, um grande número de besteiras e quimeras. Entrar nessa alquimia não leva a muita coisa.

Para mim, Paulo é um pensador-poeta do acontecimento e, ao mesmo tempo, aquele que pratica e enuncia atos constantes característicos do que se pode denominar a figura militante. Ele faz surgir a conexão, integralmente humana e cujo destino me fascina, entre a ideia geral de uma ruptura, de uma virada, e a de um pensamento prático, que é a materialidade subjetiva dessa ruptura.

Se, hoje, quero retraçar em poucas páginas a singularidade dessa conexão feita por Paulo, sem dúvida, é porque trabalho por todos os ângulos, até com a negação de sua possibilidade, a busca de uma nova figura militante, demandada para suceder àquela cujo lugar Lenin e os bolcheviques ocuparam, no início do século passado, e que se pode dizer ter sido a do militante de partido.

Quando está na ordem do dia dar um passo à frente, pode-se, entre outras coisas, dar um maior para trás. Daí essa reativação de Paulo. Não sou o primeiro a arriscar a comparação que faz dele um Lenin, do qual o Cristo teria sido o Marx equívoco.

Minha intenção, vê-se, não é nem de historiador, nem exegética. Ela é subjetiva do início ao fim. Eu me limitei estritamente aos textos de Paulo autenticados pela crítica moderna e à minha relação de pensamento com esses textos.

Para o original grego, usei o *Novum Testamentum Graece* [novo testamento grego], edição crítica de Nestlé-Aland, publicado pela Deutsche Bibelgesellschaft em 1993.

O texto francês que serviu de base, do qual revi algumas vezes as construções das frases, foi o de Louis Segond, *Le Nouveau Testament* [o novo testamento], publicado pela Trinitarian Bible Society, edição de 1993[*].

---

[*] Nesta edição brasileira os trechos citados da Bíblia foram traduzidos do francês, por fidelidade à argumentação de Badiou. Na primeira ocorrência das obras

As referências às epístolas seguem a disposição tradicional em capítulos e versículos. Assim, Rm. 1. 25 quer dizer: epístola aos romanos, capítulo 1, versículo 25. O mesmo ocorre com Gl. para a epístola aos gálatas, 1Cor. e 2Cor. para as duas epístolas aos coríntios, Fl. para os filipenses, 1Ts. para a primeira epístola aos tessalonicenses.

Para quem quiser continuar por sua própria conta, quero ressaltar, na colossal bibliografia relativa a Paulo:

1. O consistente livrinho de Stanislas Breton, *Saint Paul* (Paris, PUF, 1988).

2. *Paul, apôtre de Jésus-Christ*, de Günther Bornkamm, tradução de Lore Jeanneret (Genebra, Labor & Fides, 1971).

Um católico, um protestante. Para que formem um triângulo com o ateu.

---

citadas pelo autor, há a indicação da edição brasileira correspondente quando houver. (N. E.)

1
CONTEMPORANEIDADE DE PAULO

Por que São Paulo? Por que requerer esse "apóstolo" ainda mais suspeito porque se autoproclamou, sem dúvida alguma, como tal e porque seu nome costuma ser associado às dimensões mais institucionais e menos abertas do cristianismo: a Igreja, a disciplina moral, o conservadorismo social, a desconfiança em relação aos judeus? Como inscrever esse nome no devir de nossa tentativa: refundar uma teoria do Sujeito que subordine a existência à dimensão aleatória do acontecimento e à pura contingência do ser-múltiplo, sem sacrificar o motivo da verdade?

Cabe perguntar também: que uso pretendemos fazer do dispositivo da fé cristã, da qual parece nitidamente impossível dissociar a figura e os textos de Paulo? Por que invocar e analisar essa fábula? Que isso fique, de fato, bem claro: para nós, trata-se exatamente de uma fábula. E, particularmente, no caso de Paulo, que como veremos reduz, por razões cruciais, o cristianismo a um único enunciado: Jesus ressuscitou. Ora, esse é exatamente o ponto fabuloso, uma vez que todo o resto – nascimento, predicação, morte – *pode*, em última análise, sustentar-se. É "fábula" o que de uma narrativa não diz respeito, para nós, a algo real, a não ser segundo o resíduo invisível, e de acesso indireto, que adere a todo imaginário patente. Desse ponto de vista, é somente como fábula que Paulo reconduz a narrativa cristã, com a força de quem sabe que, se essa questão for considerada real, ficamos sem todo o imaginário que a cerca. Se é possível imediatamente falarmos de crença (mas a crença, ou a fé, ou o que se supõe com a palavra πίστις é todo o problema de Paulo), dizemos que, para nós, é rigorosamente impossível acreditar na ressurreição do crucificado.

Paulo é uma figura longínqua num triplo sentido: o local histórico, o papel de fundador da Igreja, o foco instigante do pensamento em seu elemento fabuloso.

Devemos explicar por que levamos tão longe o peso de uma proximidade filosófica, por que o forçar fabuloso do real nos serve de mediação quando se trata, aqui e agora, de restituir o universal à sua pura laicidade.

Nisso, sem dúvida, nos ajuda que, por exemplo, Hegel, Auguste Comte, Nietzsche, Freud, Heidegger, e ainda, em nossos dias, Jean-François Lyotard também tenham acreditado ser necessário analisar a figura de Paulo, sempre de acordo com disposições extremas (fundadoras ou regressivas, que remetem ao destino ou negligentes, exemplares ou catastróficas), para organizarem seu próprio discurso especulativo.

O que vai nos reter na obra de Paulo é uma conexão singular, que é formalmente possível separar da fábula e da qual Paulo é precisamente o inventor: a conexão que estabelece uma passagem entre uma proposição sobre o sujeito e uma interrogação sobre a lei. Digamos que, para Paulo, trata-se de explorar qual é a lei que pode estruturar um sujeito sem qualquer identidade e suspenso a um acontecimento, cuja única "prova" é justamente sua declaração por um sujeito.

Para nós, o essencial é que essa conexão paradoxal entre um sujeito sem identidade e uma lei sem suporte funda a possibilidade na história de uma predicação universal. O gesto inédito de Paulo é subtrair a verdade da dominação comunitária, seja de um povo, de uma cidade, de um império, de um território ou de uma classe social. O que é verdadeiro (ou justo, o que nesse caso tem o mesmo significado) não se deixa remeter a nenhum conjunto objetivo, nem do ponto de vista de sua causa, nem do ponto de vista de seu destino.

Objetaremos que "verdade" designe aqui, para nós, uma simples fábula. Exatamente, mas o que importa é o gesto subjetivo apreendido na sua potência fundadora no que se refere às condições genéricas da universalidade. Mesmo que o conteúdo fabuloso seja abandonado, resta a forma dessas condições e, particularmente, a ruína de toda atribuição do discurso da verdade a conjuntos históricos pré-constituídos.

Separar arduamente cada processo de verdade da historicidade "cultural" na qual a opinião pública pretende dissolvê-lo: essa é a operação em que Paulo nos guia.

Repensar esse gesto, desfazer suas divergências, vivificar sua singularidade e força instituinte é, com toda certeza, uma necessidade contemporânea.

De fato, de que se compõe nossa atualidade? A redução progressiva da questão da verdade (portanto, do pensamento) à forma linguística do julgamento, ponto sobre o qual estão de acordo a ideologia analítica anglo-saxônica e a tradição hermenêutica (a dupla analítica/hermenêutica tranca com cadeado a filosofia acadêmica contemporânea), chega a um relativismo cultural e histórico que, hoje, é simultaneamente um tema da opinião pública, uma motivação "política" e um quadro de referência para a pesquisa nas ciências humanas. As formas extremas desse relativismo, já em ação, pretendem destinar a própria matemática a um conjunto "ocidental" ao qual se pode fazer equivaler qualquer dispositivo obscurantista ou simbolicamente irrisório, contanto que se esteja em estado de nomear o subconjunto humano que porta esse dispositivo, ou melhor, que haja razões para acreditar que esse subconjunto é composto por vítimas. É na tentativa dessa interseção entre a ideologia culturalista e a concepção vitimária do homem que sucumbe todo acesso ao universal, o qual não tolera que lhe seja atribuída uma particularidade, nem mantém relação direta com o estatuto – dominante ou vitimário – dos *lugares* em que emerge a proposição.

Qual é o real unificador dessa promoção da virtude cultural dos subconjuntos oprimidos, desse elogio linguístico dos particularismos comunitários (os quais, em última análise, remetem sempre não só à língua, mas à raça, à nação, à religião ou ao sexo)? Não há dúvida alguma de que é a abstração monetária, da qual o falso universal suporta perfeitamente mesclas comunitaristas. A longa experiência das ditaduras comunistas tem o mérito de mostrar que a globalização financeira e o reino sem restrição da universalidade vazia do capital tiveram como verdadeiro inimigo apenas um outro projeto universal, ainda que pervertido e ensanguentado; que somente Lenin e Mao realmente davam *medo* a quem se propunha exaltar sem restrições os méritos liberais do equivalente geral ou as virtudes democráticas da comunicação comercial. A ruína senil da URSS, paradigma dos Estados socialistas, elevou provisoriamente o medo, desencadeou a abstração vazia, abaixou o pensamento de todos. E certamente não é renunciando ao universal concreto das verdades para afirmar o direito das "minorias" raciais, religiosas, nacionais ou sexuais que se reduzirá a devastação. Não, nós não deixaremos os direitos da verdade-pensamento terem como instâncias apenas o monetarismo de livre-câmbio e sua medíocre política simultânea, o capital-parlamentarismo, cuja miséria a bela palavra "democracia" acoberta cada vez mais desastrosamente.

Por isso, Paulo, ele mesmo contemporâneo de uma figura monumental da destruição de toda política (os inícios do despotismo militar denominado "Império Romano"), interessa-nos extremamente. Ele é aquele que, destinando ao universal uma determinada conexão entre o sujeito e a lei, pergunta-se com o maior rigor qual é o preço a pagar por essa destinação, tanto por parte do sujeito quanto por parte da lei. Essa pergunta é exatamente a nossa. Supondo que conseguiremos refundar a conexão entre a verdade e o sujeito, que consequências a força para mantê-la deverá ter, tanto no que diz respeito à verdade (pertinente ao acontecimento e aleatória) quanto ao que se refere ao sujeito (raro e heroico)?

É com vistas a essa questão, e a nenhuma outra, que a filosofia pode assumir sua condição temporal, em vez de tornar-se uma aparelhagem para acobertar o pior. Que ela pode enfrentar a época em vez de mascarar a inércia selvagem.

Se nos limitarmos ao nosso país [França], ao destino público do seu Estado, o que se pode assinalar como tendência marcante nos últimos quinze anos? Independentemente, é óbvio, da ampliação constante dos automatismos do capital, sob os significantes do liberalismo e da Europa; ampliação que, sendo a lei do mercado mundial, não poderia como tal singularizar a configuração de nosso local.

Infelizmente, para responder a essa pergunta, vemos apenas o estabelecimento irreversível do partido de Le Pen, verdadeira singularidade nacional da qual, para encontrar um equivalente, é preciso ir, e isso não é uma recomendação, até a Áustria. E qual é a máxima singular desse partido? A máxima a que nenhum dos partidos parlamentares ousa se opor frontalmente, de modo que todos votam ou toleram as leis cada vez mais criminosas que dela decorrem implacavelmente? Essa máxima é: "A França para os franceses". O que, tratando-se do Estado, reconduz ao que foi o nome paradoxal dado por Pétain* a um governo fantoche, zeloso servidor do ocupante nazista: o Estado francês. O motivo pelo qual se instala no centro do espaço público a questão deletéria: o que é um francês? Mas para essa questão, todos sabem que não existe nenhuma resposta sustentável a não ser a perseguição de pessoas designadas arbitrariamente como não francesas. A única *política* real da palavra "francês", mantida por uma categoria fundadora no Estado, é o estabelecimento, cada vez mais insistente, de medidas discriminatórias obstinadas que visam às pessoas que estão aqui, ou que procuram viver aqui. E é particularmente assustador que essa perseguição real da lógica identitária (a Lei serve apenas *para os franceses*) reúna sob a mesma bandeira, como mostra o triste caso denominado "do *foulard*", os defensores resignados da devastação capitalista (a perseguição seria inevitável, uma vez que o desemprego proíbe qualquer acolhida) e os defensores de uma fantasmagórica, assim como excepcional, "república francesa" (os estrangeiros somente serão tolerados se eles "se integrarem" ao magnífico modelo que lhes propõem nossas puras instituições, nossos surpreendentes sistemas de educação e de representação). Prova que entre a lógica globalizada do capital e o fanatismo identitário francês existe, no que se refere à vida real das pessoas e do que lhes acontece, uma detestável cumplicidade.

Diante de nós, constrói-se a comunitarização do espaço público, a renúncia à neutralidade transcendente da lei. O Estado teria de se garantir em primeiro lugar e constantemente cuidar da identidade genealógica, religiosa e racialmente certificável daqueles pelos quais é responsável. Teria de definir duas regiões distintas da lei, ou mesmo

---

* Philippe Pétain (1856–1951), chefe de Estado da França durante o regime de Vichy (1940–1944). (N. E.)

três, conforme se trate de verdadeiros franceses, de estrangeiros integrados ou integráveis e, enfim, de estrangeiros que se declaram não integrados e mesmo não integráveis. A lei passaria assim sob o controle de um modelo "nacional" sem qualquer princípio real, a não ser o das perseguições em que ele se engaja. Todo princípio universal abandonado, a averiguação identitária, que é sempre uma batida policial, deveria preceder a definição ou a aplicação da lei. O que quer dizer que, como nos tempos de Pétain, quando os juristas não viam a menor malícia em definir sutilmente o judeu como protótipo do não francês, seria preciso que toda a legislação fosse acompanhada dos protocolos identitários requeridos e que subconjuntos da população fossem sempre definidos por seu *estatuto especial*. Isso segue seu curso, cada um dos governos sucessivos dá seu pequeno toque. Nós nos encontramos diante de uma petainização rasteira do Estado.

Como nessas condições soa claro o enunciado de Paulo, enunciado realmente impressionante quando se conhecem as regras do mundo antigo: "Não há mais judeu nem grego, não há mais escravo nem livre, não mais homem nem mulher" (Gl. 3. 28)! E como, para nós que substituiremos sem dificuldade Deus por essa ou aquela verdade, e o Bem pelo serviço que essa verdade exige, convém a máxima: "Glória, honra e paz para qualquer um que faça o bem, para o judeu em primeiro lugar, em seguida, para o grego! Pois diante de Deus não há nenhuma distinção entre as pessoas" (Rm. 2. 10).

Nosso mundo não é de maneira alguma tão "complexo" quanto querem aqueles que desejam garantir sua perpetuação. Ele é até, em suas grandes linhas, de uma perfeita simplicidade.

Por um lado, há uma ampliação contínua dos automatismos do capital, o que é a realização de uma predição genial de Marx: o mundo enfim *configurado*, mas como mercado, como mercado mundial. Essa configuração faz prevalecer uma homogeneização abstrata. Tudo o que circula cai em uma unidade de conta e, inversamente, somente circula o que se deixa assim contar. Além disso, é essa norma que esclarece um paradoxo que poucos salientam: na hora da circulação generalizada e do fantasma da comunicação cultural instantânea, multiplicam-se por toda parte as leis e os regulamentos para proibirem a circulação de pessoas. É assim que, na França, jamais houve tão poucos estrangeiros instalados como no último período! Livre circulação do que se deixa contar, sim, e em primeiro lugar dos capitais, do que é a conta da conta. Livre circulação da incontável infinidade que é uma vida humana singular, jamais! É que a abstração monetária capitalista é certamente uma singularidade, mas uma singularidade *que não tem relação com nenhuma singularidade*. Uma singularidade indiferente à persistente infinidade da existência, assim como ao devir das verdades pertinentes aos acontecimentos.

Por outro lado, há um processo de fragmentação em identidades fechadas, e a ideologia culturalista e relativista que acompanha essa fragmentação.

Esses dois processos são perfeitamente intricados. Pois cada identificação (criação ou bricolagem de identidade) cria uma figura que constitui matéria para seu investimento pelo mercado. Nada mais cativo, para o investimento mercantil, nada mais *oferecido* para a invenção de novas figuras da homogeneidade monetária, do que uma comunidade e seu ou seus territórios. É preciso a aparência de uma não equivalência para que a própria equivalência seja um processo. Que futuro inesgotável para os investimentos mercantis, tal qual o surgimento – em forma de comunidade reivindicativa e de pretensa singularidade cultural – das mulheres, dos homossexuais, dos deficientes, dos árabes! E as combinações infinitas de traços predicativos, que oportunidade! Os homossexuais negros, os sérvios inválidos, os católicos pedófilos, os islamitas moderados, os padres casados, os jovens executivos ecologistas, os desempregados submissos[*], os jovens já velhos! Constantemente, uma imagem social autoriza produtos novos, revistas especializadas, centros comerciais adequados, rádios "livres", redes publicitárias dirigidas a alvos específicos e,

---

[*] De acordo com Helena Hirata, "embora, na França, existam diversas categorias institucionais de desempregados, *'chômeurs soumis'* [desempregados submissos] não consta na Anpe (Agence National pour l'Emploi). De maneira específica, existem desempregados que se sujeitam às injunções institucionais para ter direito ao seguro-desemprego e, de maneira geral, é possível pensar naqueles que se sujeitam à sua situação sem se revoltarem". Imagino que Alain Badiou refira-se, aqui, aos primeiros. (N. T.)

enfim, obstinados "programas de debates" nos horários de grande audiência. Deleuze dizia exatamente isto: a desterritorialização capitalista tem necessidade de uma constante reterritorialização. O capital exige, para que seu princípio de movimento torne homogêneo seu espaço de exercício, o permanente ressurgimento de identidades subjetivas e territoriais, as quais, aliás, reivindicam apenas o direito de serem expostas, da mesma maneira que as outras, às prerrogativas uniformes do mercado. Lógica capitalista do equivalente geral e lógica identitária e cultural das comunidades ou das minorias formam um conjunto articulado.

Essa articulação é constrangedora em relação a qualquer processo de verdade. Ela é organicamente *sem verdade*.

Por um lado, todo processo de verdade encontra-se em ruptura com o princípio axiomático que rege a situação e organiza suas séries repetitivas. Um processo de verdade interrompe a repetição e, portanto, não pode se sustentar da permanência abstrata de uma unidade de conta. Uma verdade é sempre, de acordo com a lei de conta dominante, subtraída da conta. Nenhuma verdade pode, por consequência, sustentar-se da expansão homogênea do capital.

Mas, por outro lado, um processo de verdade não pode mais se ancorar no identitário. Pois, se é certo que toda verdade surge como singular, sua singularidade é imediatamente universalizável. A singularidade universalizável necessariamente entra em ruptura com a singularidade identitária.

Que haja histórias emaranhadas, culturas diferentes e, de modo mais geral, diferenças já imensas em um único e "mesmo" indivíduo, que o mundo seja heterogêneo e que ele não deixe as pessoas viverem, comerem, vestirem-se, imaginarem e amarem como elas querem, não é aí que está a questão, como os falsos ingênuos querem nos fazer crer. Essas evidências liberais não custam caro e gostaríamos apenas que aqueles que as proclamam não se mostrassem tão violentos quando aparece a menor tentativa mais ou menos séria de se distinguir de sua própria pequena diferença liberal. O cosmopolitismo contemporâneo é uma realidade salutar. Demandaremos somente que a visão de uma jovem que usa véu não coloque em transe seus defensores, o que tememos uma vez que eles não desejam, na realidade, mais do que um verdadeiro tecido de diferenças instáveis, a ditadura uniforme do que acreditam ser a "modernidade".

A questão é saber o que as categorias identitárias e comunitaristas têm a ver com os processos de verdade, por exemplo, os processos políticos. Respondemos: essas categorias devem ser *ausentadas* do processo, sem o que nenhuma verdade tem a menor chance de estabelecer sua persistência e de acumular sua infinidade imanente. Aliás, sabemos que as políticas identitárias consequentes, como o nazismo, são guerreiras e criminosas. A ideia de que se possa, mesmo sob a forma da identidade francesa "republicana", manipular inocentemente essas categorias é inconsistente. Oscilaremos forçosamente entre o universal abstrato do capital e perseguições locais.

O mundo contemporâneo é, assim, duplamente hostil aos processos de verdade. O sintoma dessa hostilidade dá-se por superposições nominais: onde se deveria manter o nome de um procedimento de verdade, vem outro nome, que o recalca. O nome cultura vem obliterar o da arte. A palavra técnica oblitera a palavra ciência. A palavra gestão oblitera a palavra política. A palavra sexualidade oblitera o amor. O sistema cultura-técnica-gestão-sexualidade, que tem o imenso mérito de ser homogêneo no mercado e cujos termos, aliás, designam uma rubrica da apresentação mercantil, é a superposição nominal moderna do sistema arte-ciência-política-amor, que identifica tipologicamente os procedimentos de verdade.

Ora, a lógica identitária, ou minoritária, longe de se voltar para uma apropriação dessa tipologia, propõe apenas uma variante da superposição nominal capitalista. Ela polemiza contra todo conceito genérico da arte e o substitui por sua própria conta pelo de cultura, concebido como cultura do grupo, amálgama subjetivo ou representativo de sua existência, cultura destinada a si e potencialmente não universalizável. Além disso, ela não hesita em enunciar que os elementos constitutivos dessa cultura são plenamente compreensíveis somente se pertencerem ao subconjunto considerado. Daí os enunciados catastróficos do gênero: somente um homossexual pode "compreender" o que significa ser homossexual, um árabe o que significa ser árabe etc. Se, como pensamos, somente as verdades (o pensamento) permitem distinguir o homem do animal humano que o subentende, não é exagerado dizer que esses enunciados "minoritários" são realmente *bárbaros*. No caso da ciência, o culturalismo promove a particularidade técnica dos subconjuntos à equivalência do pensamento científico, de modo que os antibióticos, o xamanismo, a imposição das mãos ou as tisanas relaxantes são uniformizados. No caso da política, a consideração de traços identitários encontra-se na base da determinação, seja ela estatal ou reivindicativa, e finalmente se trata de inscrever, pelo direito ou pela força bruta, uma gestão autoritária desses traços (nacionais, religiosos, sexuais etc.), considerados como operadores políticos dominantes. E, enfim, no caso do amor, demanda-se simetricamente seja o direito genético de ver reconhecido como identidade minoritária esse ou aquele comportamento sexual específico, seja a volta pura e simples às concepções arcaicas, culturalmente estabelecidas, como a conjugabilidade estrita, o aprisionamento das mulheres etc. Os dois podem combinar perfeitamente, como na reivindicação dos homossexuais relativas ao direito de unir o grande tradicionalismo do casamento e da família ou de vestir, com a bênção do papa, os hábitos do monge.

Os dois componentes do conjunto articulado (homogeneidade abstrata do capital e reivindicações identitárias) encontram-se em uma relação espelhada e de diálogo. Quem pode pretender que seja evidente a superioridade do culto-competente-gerente-sexualmente-equilibrado? Mas quem defenderá o religioso-corrompido-terrorista-polígamo? Ou celebrará o marginal-cultural-homeopata-midiático-transexual? Cada figura tira sua legitimidade tortuosa do descrédito do outro. Mas, de qualquer maneira, cada um utiliza os recursos do outro, pois a transformação em argumentos publicitários e imagens vendáveis das identidades comunitárias mais típicas e mais recentes correspon-de à competência, constantemente afinada, dos mais fechados ou violentos grupos, para especular nos mercados financeiros ou para fomentar em grande escala o comércio de armas.

Em ruptura com tudo isso (nem homogeneidade monetária, nem reivindicação identitária; nem universalidade abstrata do capital, nem particularidade dos interesses de um subconjunto), nossa questão formula-se claramente: quais são as condições de uma *singularidade universal*?

É nesse ponto que convocamos São Paulo, pois sua questão é exatamente essa. O que quer Paulo? Sem dúvida, tirar a Nova (o Evangelho) da estrita cerca em que ela teria valor apenas para a comunidade judaica. Mas, de toda maneira, jamais a deixar ser determinada pelas generalidades disponíveis, sejam elas estatais ou ideológicas. A generalidade estatal é o juridismo romano e, particularmente, a cidadania romana, suas condições e os direitos a ela relacionados. Ainda que, ele próprio, um cidadão romano e feliz por sê-lo, Paulo jamais autorizará que qualquer categoria do direito identifique o sujeito cristão. Serão, portanto, admitidos, sem restrição nem privilégio, os escravos, as mulheres, as pessoas de todas as profissões e de todas as nacionalidades. Quanto à generalidade ideológica, evidentemente, é o discurso filosófico e moral grego. Paulo organizará uma distância determinada para esse discurso, para ele, simétrica a uma visão conservadora da lei judaica. Em última análise, trata-se de fazer valer uma singularidade universal contra as abstrações estabelecidas (jurídicas na época, econômicas atualmente) e, ao mesmo tempo, contra a reivindicação comunitária ou particularista.

O caminho geral de Paulo é o seguinte: se houve um acontecimento e se a verdade consiste em proclamá-lo e, em seguida, ser fiel a essa proclamação decorrem duas consequências. Primeiro, sendo a verdade pertinente ao acontecimento, ou da ordem do que advém, ela é singular. Não é estrutural, nem axiomática, nem legal. Nenhuma generalidade disponível pode dar conta ou estruturar o sujeito que se reporta a ela. Não poderia, portanto, haver uma lei da verdade. Em seguida, sendo a verdade registrada a partir de uma declaração de natureza subjetiva, nenhum subconjunto pré-constituído a sustenta, nada de comunitário ou de historicamente estabelecido empresta sua substância a seu processo. A verdade é diagonal em relação a todos os subconjuntos comunitários, ela não comporta nenhuma identidade e (esse ponto é, evidentemente, o mais delicado) não constitui nenhuma identidade. Ela é oferecida a todos, ou destinada a cada um, sem que uma condição de pertencimento possa limitar essa oferta ou essa destinação.

A problemática de Paulo, por mais sinuosa que seja sua organização – uma vez que os textos que nos foram transmitidos são todos intervenções circunstanciais e, portanto, textos comandados por disputas táticas localizadas –, segue implacavelmente as exigências da verdade como singularidade universal:

1. O sujeito cristão não preexiste ao acontecimento que ele declara (a Ressurreição do Cristo). Portanto, polemizaremos contra as condições extrínsecas de sua existência ou de sua identidade. Não se deve requerer nem que ele seja judeu (ou circuncidado), nem que ele seja grego (ou sábio). Trata-se da teoria dos discursos (existem três: o judeu, o grego, o novo). Também não se deve requerer que ele seja dessa ou daquela classe social (teoria da igualdade diante da verdade) ou desse ou daquele sexo (teoria das mulheres).

2. A verdade é inteiramente subjetiva (ela é da ordem de uma declaração que revela uma convicção relativa ao acontecimento). Polemizaremos contra toda subsunção de seu futuro a uma lei. É preciso ultrapassá-la por meio, simultaneamente, de uma crítica radical da Lei judaica, que se tornou obsoleta e nociva, e da lei grega, ou subordinação do destino à ordem cósmica, que nunca foi mais do que uma ignorância "erudita" dos caminhos da salvação.

3. A fidelidade à declaração é crucial, pois a verdade é um processo e não uma iluminação. Para pensar sobre ela, temos necessidade de três conceitos: o que nomeia o sujeito no ponto da declaração (πίστις, geralmente traduzida por "fé", mas melhor seria "convicção"); o que nomeia o sujeito no ponto da intenção militante de sua convicção (ἀγάπη, geralmente traduzida por "caridade", mas melhor seria "amor"); o que nomeia o sujeito na força do deslocamento que lhe é conferida pela suposição do caráter *acabado* do processo de verdade (ἐλπίς, geralmente traduzida por "esperança", mas melhor seria "certeza").

4. Uma verdade é em si mesma indiferente ao estado da situação, por exemplo, ao Estado romano. O que significa que ela é subtraída da organização dos subconjuntos prescritos por esse estado. A subjetividade que corresponde a essa subtração é uma *distância* necessária em relação ao Estado e ao que lhe corresponde nas mentalidades: a aparelhagem das opiniões. Opiniões, dirá Paulo, não é preciso disputar. Uma verdade é um processo concentrado e sério, que jamais deve entrar em competição com as opiniões estabelecidas.

Não há uma dessas máximas, deixando de lado o conteúdo do acontecimento, que não possa ser conveniente à nossa situação e às nossas tarefas filosóficas. Resta desenvolver a organização conceitual a elas subjacente, ao mesmo tempo fazendo justiça àquele que, decidindo que ninguém era exceção ao que uma verdade exige e extraindo a verdade da Lei, solitário, provocou uma revolução cultural da qual dependemos ainda.

2
QUEM É PAULO?

Poderíamos começar no estilo beneditino das biografias usuais. Paulo (na realidade, Saul, nome do primeiro rei de Israel) nasce em Tarso, entre os anos 1 e 5 (impossível, cientificamente, ser mais preciso). Portanto, ele é da mesma geração de Jesus, que – como todos sabem, mas trata-se de uma circularidade interessante – nasceu fundando ao mesmo tempo sua data de nascimento, que instituiu o ano 1 de "nossa" era (sobretudo a dele). O pai de Paulo é um artesão comerciante que fabrica tendas. Cidadão romano e, portanto, Paulo também o é. Como o pai obteve a cidadania? O mais simples é imaginar, sem prova alguma, que a comprou. Não está acima dos recursos de um comerciante abastado corromper um funcionário romano. Paulo era um judeu da tendência dos fariseus. Participa, com ardor, da perseguição dos cristãos, considerados hereges pelos judeus ortodoxos e, por isso, legalmente perseguidos diante dos tribunais, mas também espancados, atacados com pedras, caçados, tudo conforme a variação, no interior das comunidades judaicas, das relações de força entre tendências.

A execução do Cristo data de mais ou menos 30. Estava-se sob o domínio de Tibério. Em 33 ou 34, Paulo foi surpreendido por uma aparição divina e converteu-se ao cristianismo na estrada para Damasco. Inicia suas famosas viagens missionárias. E assim segue sem parar.

Para que tudo isso? Vejam os livros. Vamos direto à doutrina.

E, no entanto, não. Paulo, veremos, é uma grande figura da antifilosofia. Ora, é da essência da antifilosofia que a posição subjetiva

26 • São Paulo

constitua argumento no discurso. Fragmentos existenciais, que às vezes parecem casos, são elevados à posição de garantia da verdade. Imaginemos Rousseau sem as *Confissões*[*], Kierkegaard sem que sejamos instruídos dos detalhes de seu noivado com Régine, ou Nietzsche não nos tomando como testemunhas, ao longo de todo o *Ecce homo*[**], das razões que o autorizam a fazer a pergunta: "Por que sou um destino?". Para um antifilósofo, é evidente que a posição enunciativa faz parte do protocolo do enunciado. Nenhum discurso pode pretender a verdade se não contiver uma resposta explícita à questão: quem fala?

Quando Paulo profere seus escritos, ele lembra sempre que tem motivos para falar enquanto sujeito. E ele *se tornou* esse sujeito. Ele se tornou esse sujeito repentinamente, na estrada para Damasco (se, nesse ponto, como acreditamos, podemos fazer uma exceção e confiar na biografia maquiada de Paulo intitulada *Atos dos apóstolos* presente no Novo Testamento). Conhecemos a história: a caminho de Damasco, enquanto fariseu diligente, para perseguir os cristãos, Paulo ouviu uma voz misteriosa que lhe revelou a verdade e sua vocação.

A palavra "conversão" convém ao que se passou no caminho de Damasco? Trata-se de uma ação fulminante, de uma cesura e não de uma transformação dialética. Trata-se de uma requisição que institui um novo sujeito: "Pela graça de Deus, eu sou quem eu sou (εἰμι ὅ εἰμι)" (1Cor. 15. 10). É o "eu sou" como tal que é convocado no caminho de Damasco por uma intervenção absolutamente casual.

Em certo sentido, essa conversão não foi realizada por ninguém: Paulo não foi convertido por representantes da "Igreja", não se trata de uma adesão. Não lhe levaram o Evangelho. É claro que o encontro na estrada simula o acontecimento fundador. Da mesma maneira que a Ressurreição é totalmente incalculável e é dela que é preciso

---

[*] Jean-Jacques Rousseau, *As confissões de Jean-Jacques Rousseau* (trad. Wilson Lousada, Rio de Janeiro, Ediouro, 1992, Coleção Clássicos de bolso). (N. T.)

[**] Friedrich Wilhelm Nietzsche, *Ecce homo: como alguém se torna o que é* (trad. Paulo César de Souza, São Paulo, Companhia das Letras, 2008, Coleção Companhia de bolso). (N. T.)

partir, a fé de Paulo é do que ele próprio parte como sujeito e nada conduz a ela. O acontecimento – "aconteceu", pura e simplesmente no anonimato de um caminho – é o sinal subjetivo do acontecimento propriamente dito, que é a ressurreição do Cristo. É no próprio Paulo a (res)surreição do sujeito. Exemplo matricial do entrelaçamento entre existência e doutrina, pois Paulo tira das condições de sua "conversão" a consequência que somente se pode partir da fé, da declaração da fé. O surgimento do sujeito cristão é incondicional.

Não podemos, então, de maneira alguma negligenciar, para a compreensão de sua proposta, as circunstâncias da vida de Paulo. Felizmente, aliás, são essenciais para nós aquelas que ele mesmo incorpora em suas epístolas, pois os dados externos confiáveis são extremamente raros. A narrativa dos *Atos dos apóstolos*, dissemos, é uma construção retrospectiva, da qual a crítica moderna claramente atualizou as intenções e cuja forma, na maior parte das vezes, é baseada na retórica dos greco-romanos. Neles, separar os elementos reais da fábula edificante (e de alcance político) que os envolve exige um rigor excepcional e desafiador. E não temos praticamente nada, a não ser a capacidade de verificar esse ou aquele detalhe por intermédio da historiografia romana, que se preocupa muito pouco com esses pequenos grupos de hereges judeus. E mesmo das "epístolas de Paulo" canonicamente reunidas, pelo menos um século após a morte do apóstolo, no Novo Testamento, é preciso desconfiar. A exegese científica comprovou o caráter apócrifo de várias delas, ainda que o *corpus* desse autor fundamental se reduza, definitivamente, a seis textos sobretudo breves: *Romanos, Coríntios I e II, Gálatas, Filipenses, Tessalonicenses I*. No entanto, são suficientes para estabelecer algumas características essenciais e garantir alguns episódios decisivos.

Por exemplo, um ponto da maior importância, e que Paulo nos relata com nítido orgulho (ele certamente não é introvertido, nem tem falsa modéstia): o que Paulo faz após a ação fulminante de Damasco? De qualquer maneira, sabemos *o que ele não faz*. Ele não vai para Jerusalém, não vai ver as autoridades, os apóstolos institucionais, aqueles que conheceram o Cristo pessoalmente. Ele não vai "confirmar" o acontecimento que o institui aos seus próprios olhos como apóstolo. Ele deixa essa surreição subjetiva fora de qualquer selo oficial. Disso data essa convicção inquebrantável relativa a seu próprio destino, que o oporá diversas vezes ao núcleo dos apóstolos históricos, dos quais Pedro é a personalidade central. Desviando-se de qualquer outra autoridade que não seja a Voz que o convocou pessoalmente para o vir-a-ser-sujeito, Paulo parte, na Arábia, para anunciar o Evangelho, para declarar que o que aconteceu, aconteceu. Homem que, munido de um acontecimento pessoal, teve bons motivos para proclamar esse acontecimento impessoal que é a Ressurreição.

Paulo permanece na Arábia durante três anos. Sem dúvida, sua própria eficácia militante é, para ele, uma garantia suficiente para que possa, passado esse período, encontrar enfim os "líderes históricos". Veremos a seguir que, obstinado e até mesmo violento nos princípios, Paulo é também um político que conhece o valor dos compromissos racionais e, particularmente, dos compromissos verbais, que ferem pouco sua liberdade de ação nos lugares e territórios que ele escolhe (aqueles, de preferência, em que o adversário encontra-se menos implantado). Paulo passa então em Jerusalém, onde encontra Pedro e os apóstolos e, em seguida, parte novamente. Ignoramos todas as disputas desse primeiro encontro. É preciso crer que ele não convence Paulo da necessidade de ter muitas vezes como referente o "centro" jerosolimita, pois seu segundo período de viagens militantes durará catorze anos! Cilícia, Síria, Turquia, Macedônia, Grécia. A dimensão *descentrada* da ação de Paulo é a subestrutura prática de seu pensamento, o qual estabelece que toda universalidade verdadeira não tem centro.

Sabemos muito pouco como funcionam essas peregrinações militantes. Naquela época, o judaísmo ainda era uma religião de proselitismo. Dirigir-se aos pagãos não é, como imaginam alguns, uma invenção de Paulo. O proselitismo judaico é consequente e desenvolvido. Ele divide sua audiência em dois círculos que poderiam ser denominados, usando um anacronismo político arriscado, os simpatizantes e os adeptos.

1. Os que "temem Deus" reconhecem a legitimidade global do monoteísmo, mas são dispensados das prescrições da Lei e, especialmente, da circuncisão.

2. Os convertidos começam a respeitar as prescrições da Lei e devem ser circuncidados. A circuncisão atesta aqui sua função de identificação, de iniciação primordial.

Portanto, não é diretamente a fala aos pagãos que isola Paulo da comunidade judaica. Aliás, apoiando-se nas instituições dessa comunidade é que Paulo inicia sua pregação. Quando chega a alguma cidade, é na sinagoga que ele intervém em primeiro lugar. Evidentemente, as coisas não funcionam bem com os ortodoxos por razões doutrinárias: a obstinação em afirmar que Jesus *é* o Messias (lembremos que "Cristo" é simplesmente a palavra grega para "messias", de modo que o único ponto de continuidade entre a Nova, segundo Paulo, e o judaísmo profético é a equação Jesus = Cristo), afirmação que, do ponto de vista da maioria dos judeus, e por motivos extremamente fortes e legítimos, sustenta uma impostura. Após incidentes que, nas condições da época podem ser muito violentos, e nos quais, em suma, arrisca sua vida, Paulo abandona a sinagoga e se recolhe na casa de um simpatizante local. Lá, tenta formar um grupo que mistura judeo-cristãos e pagãos-cristãos. Parece que, rapidamente, os adeptos do grupo serão em sua maioria pagãos-cristãos. Não é de se espantar, se considerarmos as três fracas concessões que Paulo faz à herança judaica, particularmente no que diz respeito aos ritos. Uma vez que, para ele, o grupo tornou-se suficientemente consolidado (diremos então que ele é *ecclésia*, de onde vem, sem dúvida, "igreja", mas que é preciso ser apresentado como um pequeno conjunto de militantes), Paulo confia sua direção àqueles cuja convicção ele aprecia e que vão se tornar seus substitutos. Em seguida, continua sua viagem.

Nada mais significativo da certeza de Paulo em relação ao futuro de sua ação que a identificação, que ele faz constantemente, entre o pequeno núcleo de fiéis constituído em uma cidade e a região inteira. Quem são, de fato, esses tessalonicenses, esses coríntios, sem falar nos romanos, aos quais Paulo dirige, em tom animado e majestoso, suas epístolas? Provavelmente, alguns "irmãos", forma arcaica de "camaradas", perdidos na cidade. O fato de serem comensuráveis a uma verdade transforma sempre indivíduos anônimos em vetores de toda a humanidade. Digamos que o punhado de resistentes dos anos 1940 ou 1941 encontrava-se na mesma situação embaraçada que os coríntios de Paulo: é a eles, e somente a eles, que é lícito dirigir-se, se se trata de apontar algo real da França.

Paulo jamais perde de vista, por mais longe que esteja, os núcleos de fiéis cuja criação ele estimulou. Suas epístolas são simplesmente intervenções na vida desses núcleos e têm tudo da paixão política. Luta contra as divisões internas, evocação de princípios fundamentais, renovação da confiança nos dirigentes locais, análises de questões litigiosas, exigência imperativa de uma ação de proselitismo sustentada, organização das finanças... Nada falta daquilo que um ativista de qualquer causa organizada pode reconhecer como as preocupações e as veemências da intervenção coletiva.

No final desses catorze anos de andança organizadora, dos quais não nos resta uma linha escrita, estamos quase no ano 50. Havia mais ou menos vinte anos que o Cristo morrera. Havia dezessete anos que Paulo recebera a convocação na estrada de Damasco. Ele tinha aproximadamente cinquenta anos de idade e se autodenominava "o velho Paulo". Seus primeiros textos que nos chegaram datam dessa época. Por quê? Podemos, nesse ponto, levantar algumas hipóteses.

Responsável por vários grupos essencialmente constituídos de pagãos-cristãos, nessa época Paulo reside na Antioquia, uma cidade muito grande, a terceira do Império, depois de Roma e Alexandria. Lembremos que Paulo nasceu em uma família abastada de Tarso, que era um homem da cidade, não um camponês. Isso é importante. Seu estilo não tem nada das imagens e metáforas rurais que, em compensação, são abundantes nas parábolas do Cristo. Se sua visão das coisas abarca com fervor a dimensão do mundo, se vai até os extremos limites do Império (seu voto mais claro é ir à Espanha, como se ele, o oriental, só pudesse levar a cabo sua missão no extremo Ocidente), é porque o cosmopolitismo urbano e as longas viagens transformaram sua amplitude. O universalismo de Paulo é também uma geografia interna, que não é a do pequeno proprietário fundiário.

Pensamos que, se Paulo começa a escrever sobre questões doutrinárias, se seus textos foram recopiados e circulam, é porque lhe aparece a necessidade de combater em grande escala. As circunstâncias o obrigam a se conceber como o líder de um partido ou de uma facção.

Durante o tempo em que Paulo permaneceu na Antioquia, chegaram os judeo-cristãos de estrita observância. Eles se opõem ao apóstolo, semeiam a discórdia, exigem a circuncisão de todos os fiéis. Mais uma vez, o que está em jogo não é o proselitismo voltado para os não judeus. A questão é que Paulo consente distinguir apenas dois círculos entre os que ele agrupa, os simpatizantes da doutrina e os "verdadeiros" convertidos, ritualizados e circuncidados. Para ele (e nesse ponto estamos de acordo), o processo de uma verdade é tal, que não comporta graus. Ou dela participamos, declaramos o acontecimento fundador e tiramos suas consequências, ou dela permanecemos fora. Essa distinção sem intermediário nem mediação é inteiramente subjetiva. Os traços distintivos externos e os ritos não podem servir para fundamentá-la, nem sequer para matizá-la. É o preço do estatuto da verdade como singularidade universal. O processo de uma verdade somente é universal se um reconhecimento subjetivo imediato de sua singularidade o sustenta como seu ponto real. Caso contrário, é preciso retomar observâncias ou símbolos particulares, o que possibilita apenas *fixar* a Nova no espaço comunitário e bloquear seu desenvolvimento universal. Portanto, Paulo considera todos os convertidos como fiéis em pleno exercício, qualquer que seja sua origem, sejam ou não circuncidados. Os judeo-cristãos de estrita observância mantêm a prática dos graus de adesão e acham realmente escandaloso que sejam consideradas como iguais pessoas que não têm os traços distintivos nem as práticas rituais da comunidade. Em suma, pessoas que não têm nenhum tipo de conhecimento da Lei nem de respeito a ela.

Surge uma grave querela. Finalmente, decide-se resolver a questão em Jerusalém com os apóstolos históricos. Dá-se o segundo encontro entre Paulo e Pedro e, dessa vez, deixaram-nos clara sua disputa. Trata-se de um conflito maior, que introduz o destino da nova doutrina. Até que ponto ela continua submetida à sua origem, à comunidade judaica? Em minhas palavras: qual é a relação exata entre a suposta universalidade da verdade pós-acontecimento (o que se infere de o Cristo ressuscitou) e o local* do acontecimento, que

---

*   O autor usa a palavra *site* que, em francês, entre diversas acepções, tem a de "configuração de um lugar em relação a seu destino". Dada a forte conotação

32 • São Paulo

é, sem dúvida alguma, o povo que consolida o Antigo Testamento? Qual a importância dos traços distintivos tradicionais de pertencer à comunidade judaica para a construção dessa verdade, para o seu desdobramento entre os povos do Império?

Sobre essas questões, que organizam o entrelaçamento da singularidade e da universalidade, a Assembleia de Jerusalém (em 50? 51?) tem uma importância decisiva. Sua disputa particular é a circuncisão e Paulo tomou o cuidado de ir a Jerusalém acompanhado de Tito, um fiel não circuncidado. Mas, no pano de fundo, as questões são: Quem foi eleito? O que é a eleição? Há signos visíveis dela? E finalmente: Quem é sujeito? O que *distingue* um sujeito?

O campo judeo-cristão de estrita observância afirma que o acontecimento-Cristo não abole o espaço antigo. Sua concepção do sujeito é dialética. Não se trata de negar a potência do acontecimento. Trata-se de afirmar que sua novidade conserva e eleva o local tradicional da crença, incorpora-o por meio da superação. O acontecimento-Cristo obedece à Lei, não a rescinde. Os traços distintivos herdados da tradição (a circuncisão, por exemplo) são, portanto, sempre necessários. Pode-se até dizer que, retomados e elevados pela nova notícia, são transfigurados e ainda mais ativos.

Paulo encontra-se à frente do grupo oposto. Para ele, o acontecimento torna obsoletos os traços distintivos anteriores, e a nova universalidade não sustenta a menor relação privilegiada com a comunidade judaica. Certamente, os componentes do acontecimento, seu lugar, tudo o que ele mobiliza, têm como local essa comunidade. O próprio Paulo é de cultura judaica e cita muito mais vezes o Antigo Testamento do que as supostas palavras do Cristo vivo. Mas, se *no seu ser* o acontecimento é dependente de seu local, *nos seus efeitos de verdade* é preciso que, dele, seja independente. Portanto, não é que os traços distintivos comunitários (a circuncisão, os ritos, a observância minuciosa da Lei) sejam indefensáveis ou errôneos; é que o imperativo pós-acontecimento da verdade os tornam (o que

---

que a palavra *sítio* tem em português, sugerindo ideias que não correspondem à do autor neste contexto, parece melhor traduzi-la por *local*, em sua acepção de "servir a um propósito". (N. T.)

é pior) *indiferentes*. Eles não têm mais significação, nem positiva, nem negativa. Paulo não se opôs à circuncisão. Seu enunciado rigoroso é: "A circuncisão não é nada e a incircuncisão também não" (1Cor. 7. 19). Esse enunciado é evidentemente um sacrilégio para os judeo-cristãos. Observemos que, no entanto, não é um enunciado pagão-cristão, uma vez que nele a incircuncisão não tem valor particular algum, nem é de maneira alguma exigível.

O debate, filosoficamente reconstituído, baseia-se em três conceitos. A interrupção (o que um acontecimento interrompe e o que ele preserva?). A fidelidade (o que é ser fiel à interrupção pertinente a um acontecimento?). Os traços distintivos (existem traços ou sinais visíveis da fidelidade?). Na interseção desses três conceitos elabora-se a pergunta fundamental: quem é sujeito do processo de verdade?

Somente temos conhecimento da existência e das disputas da Assembleia de Jerusalém pela breve narrativa do próprio Paulo e pela encenação dos *Atos*. Certamente, ela terminou com um compromisso, uma espécie de delimitação das esferas de influência. A fórmula é: há apóstolos que trabalham no meio judaico e outros, no meio pagão. Pedro é apóstolo dos judeus, Paulo dos gentios, dos ἔθνοι (traduzida como "nações" e que designa de fato os povos diferentes do judeu).

Paulo relata o episódio na epístola aos gálatas, 2. 1. 10.

Catorze anos depois, subi novamente a Jerusalém com Barnabé, levando também Tito comigo; e foi depois de uma revelação que ali subi. Eu lhes expus o Evangelho que prego entre os pagãos, expus particularmente aos que são os mais considerados, a fim de não correr ou de ter corrido em vão. Mas Tito, que estava comigo e que era grego, não foi obrigado a ser circuncidado. E isso por causa dos falsos irmãos que, furtivamente, se introduziram e se infiltraram entre nós para espiar a liberdade que temos em Jesus Cristo, com a intenção de nos escravizar. Não cedemos a eles nem um instante e resistimos às suas exigências, para que a verdade do Evangelho fosse mantida entre vós. Aqueles que são os mais considerados – independentemente do que tenham sido outrora, isso não me importa: Deus não faz distinção das pessoas – aqueles que são os mais considerados não me impuseram nada. Ao contrário, ao verem que o Evangelho me havia sido confiado para os incircuncidados, assim como a Pedro para os circuncidados – pois aquele que fez de Pedro o apóstolo dos circuncidados também fez de mim o apóstolo dos pagãos – e tendo reconhecido a graça que me foi concedida, Tiago, Cefas e João, que são vistos como os pilares, deram a mim e a Barnabé a mão da parceria, a fim de que fôssemos em direção aos pagãos e eles rumo aos circuncidados. Eles nos recomendaram apenas lembrarmos dos pobres, o que tenho tido muito cuidado de fazer.

Trata-se de um texto inteiramente político, do qual convém fixar pelo menos três pontos:

1. Independentemente do caráter ponderado do discurso, presume-se que a batalha foi dura. Os judeo-cristãos de estrita observância (aqueles que, sem dúvida, tinham aumentado a discórdia na Antioquia) foram qualificados de "falsos irmãos", e trata-se de saber se cederam ou não à pressão. Houve mediação dos apóstolos históricos, Pedro (Cefas), Tiago e João, que, assumindo de maneira racional suas funções simbólicas dirigentes, deram seu aval a uma espécie de dualidade militante empírica. Ressaltemos, no entanto, que nada nessa conclusão indica claramente a posição assumida sobre as questões fundamentais. Que Paulo se ocupe dos pagãos é uma coisa, que não lhes imponham nem os ritos nem as marcas é outra, sobre a qual aparentemente a Assembleia não decide.

2. O momento chave do texto é aquele em que Paulo declara que seus adversários espiavam "a liberdade que temos em Jesus Cristo, com a intenção de nos escravizar", pois a liberdade põe em discussão a questão da lei, que será central na pregação de Paulo. Qual é, em última análise, a relação entre a lei e o sujeito? Será que todo sujeito está na figura de uma sujeição legal? A Assembleia de Jerusalém nada decide, mas deixa que se desenvolvam experiências antinômicas.

3. Tudo mostra, inclusive o tom defensivo de Paulo (visivelmente, ele defende um direito reconhecido de continuar sua ação), que o compromisso era instável. O que não significa que não tivesse impacto histórico. Ao contrário, esse impacto é considerável. Ao deixar a ação de Paulo desenvolver-se ao mesmo tempo que a dos judeo-cristãos de

estrita observância, a Assembleia de Jerusalém evitou que o cristianismo fosse, definitivamente, apenas uma seita judaica, uma cisão precária (como muitas outras). Mas, ao conter o zelo dos pagãos-cristãos hostis ao judaísmo e talvez o próprio zelo de Paulo, ela evitou que o cristianismo fosse apenas um novo iluminismo, também muito precário, uma vez que não tinha enraizamento algum no judaísmo histórico. A Assembleia de Jerusalém é realmente fundadora, pois dota o cristianismo de um duplo princípio de abertura e de historicidade. Mantém, assim, cerrado o curso do acontecimento como iniciação de um processo de verdade. O fato de o acontecimento ser novo não deve, efetivamente, jamais levar a esquecer que ele o é somente em relação a uma situação determinada, em que mobiliza os elementos de seu local. Certamente, a Assembleia não parece em condições de fixar o conteúdo desse difícil emparelhamento entre a pertinência do acontecimento e a imanência à situação. Já é muito que ela organize empiricamente a possibilidade disso. Se é verdade que Paulo foi o artesão do compromisso de Jerusalém, ele merece seu título de pedra angular da Igreja.

Que a situação, mesmo após a Assembleia, continuasse muito tensa foi comprovado pelo famoso "incidente de Antioquia", que Paulo menciona logo após sua narrativa sobre a Assembleia e que parece ter ocorrido no fim do mesmo ano. Esse incidente não foi mencionado nos *Atos*, prova entre outras de que se trata de um documento oficial, encarregado de apresentar a versão das primeiras décadas do cristianismo de forma mais uniforme, organizacional e "romana" possível.

Do que se trata? Pedro está em Antioquia (uma turnê de inspeção?), para onde Paulo voltou. A questão é saber se é possível fazer as refeições rituais com não judeus. No início, Pedro começa fazendo mas, ao ver entrarem os discípulos de Tiago, ele se afasta da mesa. Paulo o censura com severidade. Ele vê, no comportamento de Pedro, sem dúvida alguma, um retrocesso do compromisso inicial e uma posição hipócrita. O texto traz também a marca de um verdadeiro furor:

> Mas quando Cefas veio à Antioquia, eu me opus diretamente a ele porque mereceu uma repreensão. Na realidade, antes da chegada de algumas pessoas enviadas por Tiago, ele comia com os pagãos; e quando elas chegaram, ele se esquivou e manteve-se à distância, por temor dos

circuncidados. Com ele, os outros judeus usaram também de dissimulação, de modo que Barnabé foi conquistado pela hipocrisia deles. Ao ver que eles não se conduziam de acordo com a verdade do Evangelho, eu disse a Cefas, na presença de todos: se você, que é judeu, vive como os pagãos e não como os judeus, por que obriga os pagãos a se converterem ao judaísmo?

Paulo romperá, em seguida, com Barnabé, que foi conquistado por Pedro. Tudo mostra que ele não brincava com a fidelidade aos princípios.

O enigma aparente é o seguinte: por que Paulo disse a Pedro que ele (Pedro), que é judeu, vive como os pagãos? A resposta supõe uma referência implícita aos acordos de Jerusalém. O que fez Pedro, em relação a esses acordos, foi uma duplicidade. Trata-se do desrespeito hipócrita de uma convenção. Para alguém que invoca a Lei, é uma falta grave. Pode-se dizer que Paulo recrimina Pedro por agir de uma maneira nada apropriada à imagem que o próprio Pedro pretendia dar do que é ser um judeu. Ele perde, assim, qualquer direito de obrigar os pagãos a se conformarem com essa imagem e a praticarem ritos externos.

Não se deveria subestimar a importância do incidente de Antioquia. O fato de Pedro ter se mostrado inconsequente em relação a seus próprios princípios e infiel ao compromisso anterior enraíza em Paulo a ideia de que são necessários novos princípios. O que esse incidente lhe mostra é que a Lei, em seu antigo imperativo, não é mais suportável mesmo para aqueles que a invocam. Isso alimentará uma tese essencial de Paulo, a de que a Lei *tornou-se* uma imagem da morte. A situação de Pedro deu-lhe a prova concreta disso, no próprio centro do fraco "aparelho" cristão; situação precária, hipócrita, "repreensível" e, em suma, mortífera, no que diz respeito às exigências da ação. Para Paulo, não é mais possível manter o equilíbrio entre a Lei, que é, para a verdade que surgiu, um princípio de morte, e a declaração pertinente ao acontecimento, que é seu princípio de vida.

A partir de então, chefe de um movimento e instruído por grandes lutas "na cúpula", Paulo reinicia a viagem (Macedônia, Grécia). Dessas viagens, os *Atos* dão uma versão em *technicolor*. Um famoso episódio, tanto quanto fantástico, é o grande discurso que Paulo teria feito aos filósofos atenienses (estoicos e epicuristas) "no meio do Areópago". Talvez dele possamos reter, ao menos de seu espírito, a triste conclusão: ao ouvir Paulo falar da ressurreição dos mortos, os filósofos gregos gargalharam e se foram. Na realidade, é provável que a pregação de Paulo não tenha feito grande sucesso em Atenas. A prova disso é que ele não fundou nenhum grupo ali. É que estamos na segunda grande linha de frente de Paulo (a primeira foi o conflito com os judeo-cristãos): o desprezo que ele tem pela sabedoria filosófica. Em síntese, o que o coloca em dificuldade em Atenas é sua antifilosofia. Em 1Cor. 2, encontramos um balanço indireto, mas claro, dessas expedições de um antifilósofo em terras filosóficas:

> Para mim, irmãos, quando fui a vosso encontro, não foi com uma superioridade de linguagem ou de sabedoria que vos anunciei o testemunho de Deus, pois não tive o pensamento de saber entre vós outra coisa a não ser Jesus Cristo, e Jesus Cristo crucificado. Eu mesmo estive junto a vós num estado de fraqueza, receio e grande tremor; e minha palavra e minha pregação não se baseiam nos discursos persuasivos da sabedoria, mas numa demonstração de Espírito e de poder, a fim de que vossa fé não fosse fundada na sabedoria dos homens, mas no poder de Deus.

O problema é saber como, munido apenas da convicção que declara o acontecimento-Cristo, pode-se abordar o meio intelectual grego, cuja categoria essencial é a sabedoria (σοφία) e cujo instrumento é a superioridade retórica (ὑπεροχή λόγου).

Observemos, como se trata do logos, que Paulo escreve em grego, o grego corrente do Oriente na época, que é uma espécie de língua internacional (um pouco como o inglês atualmente). Não se trata de uma língua fabricada ou esotérica, trata-se do grego dos comerciantes e dos romancistas. É preciso restituir às palavras de Paulo, cujas traduções são deformadas por séculos de obscurantismo (essa "fé"! essa "caridade"! esse "Espírito Santo"! Que desperdício sulpiciano de energia!), seu valor corrente e circulante, evitar vê-las como um dialeto da Igreja. Quando Paulo fala das sutilezas do grego, certamente é preciso lembrar que a língua letrada, a dos filósofos, estava congelada, já quase morta, mas também que a discussão não é feita de fora, conforme o penoso trânsito dos idiomas. É na própria língua viva que há conflito.

À sabedoria munida de retórica, Paulo opõe uma demonstração de espírito (πνεῦμα, a inspiração) e de poder (δύναμις). A sabedoria dos homens opõe-se ao poder de Deus. Trata-se, então, de intervir "οὐκ ἐν σοφίᾳ λόγου" sem a sabedoria da linguagem. Essa máxima envolve uma antifilosofia radical, não se trata de uma proposta que possa suportar uma φιλοσοφία. A base da questão é que um surgimento subjetivo não pode se dar como construção retórica de um ajuste pessoal às leis do universo ou da natureza.

O balanço de Paulo parece sincero. Houve uma derrota diante dos "gregos". Os judeus colocam a questão da lei, os gregos a da sabedoria, da filosofia. Esses são os dois referenciais históricos da obra de Paulo. É preciso encontrar o caminho de um pensamento que evite ambos os referenciais. Nas circunstâncias públicas, essa tentativa diagonal tem raros êxitos, consegue reunir apenas companheiros anônimos e pouco numerosos. Assim começa toda verdade.

Estamos, então, sob o império de Nero e o desejo de Paulo – já o mencionamos – de ir à Espanha, que representa, na época, o fim do mundo. No momento da partida, surge uma nova questão militante, a da coleta.

Em todos os grupos ligados à declaração cristã, arrecadavam-se fundos destinados à comunidade de Jerusalém. O que significava essa cotização? Encontramos aqui a luta de tendências arbitrada pelo fraco compromisso da Assembleia de Jerusalém.

Os judeo-cristãos veem no pagamento desse tributo o reconhecimento da primazia dos apóstolos históricos (Pedro e os outros) e, ao mesmo tempo, o símbolo que elege Jerusalém, com o Templo, centro evidente da comunidade judaica, como naturalmente o centro do movimento cristão. A coleta assegura, portanto, uma continuidade entre o comunitarismo judaico e a expansão cristã. Em última análise, pela coleta, os grupos externos reconhecem que são como uma diáspora.

Paulo interpreta a coleta de maneira exatamente oposta. Ao aceitar seus donativos, o centro confirma a legitimidade dos grupos pagãos-cristãos. Ele manifesta que nem o fato de pertencer à comunidade judaica, nem os traços distintivos de pertencer a ela, nem a localização na terra de Israel são critérios pertinentes para decidir se um grupo constituído faz, ou não, parte da órbita cristã.

Com o desejo de supervisionar o destino da coleta e o sentido que lhe é dado, Paulo decide acompanhar os fundos até Jerusalém em vez de ir para a Espanha. O que ocorre, então, não pode ser reconstruído. A narrativa mais plausível é a seguinte. Em Jerusalém, Paulo encontra-se, de certa maneira, na "goela do lobo". Exige-se dele que siga alguns rituais judaicos. Paulo aceita, pois, como escreveu, ele sabe se tornar "judeu com os judeus", assim como grego com os gregos: a verdade subjetiva é indiferente aos costumes. Paulo vai ao templo. Há então uma sublevação contra ele, pois é acusado de ter introduzido no templo alguém que não era judeu. Uma ação como essa é, aos olhos da administração religiosa judaica, seguida nesse ponto pelo ocupante romano que tem o hábito de manter os costumes locais, passível da pena capital.

Paulo realmente cometeu o crime que lhe foi imputado? A maioria dos historiadores pensa que não. Para falar a verdade, nada se sabe sobre isso. Paulo é um ativista e ninguém pode excluir que ele tenha achado possível, e útil, uma provocação. De qualquer maneira, ele foi preso por um destacamento de soldados romanos no momento em que seria linchado. São os romanos que vão instruir a acusação. Conduziram Paulo à guarnição de Cesareia. Ele compareceu, por volta do ano 59, diante do governador Festo (isso é certo). Como a acusação pode levar à pena de morte, ele faz valer seus direitos de cidadão romano: um cidadão contra o qual é feita uma acusação capital tem o direito de ser julgado em Roma. Ele é então transferido, e parece que permaneceu preso ali de 60 a 62. Uma breve alusão de Clément, por volta de 90, permite pensar que Paulo foi finalmente executado, seja no fim de um processo regular, seja durante uma perseguição, ninguém tem como sabê-lo.

Nenhum texto de Paulo se refere a esses episódios, por uma razão evidente: todos os textos autênticos a que temos acesso são certamente anteriores à sua prisão; ou seja, no que diz respeito aos últimos anos da vida de Paulo, na realidade, permanecemos na mais completa ignorância. A transferência para Roma foi narrada com grande riqueza de detalhes nos *Atos*, de acordo com as melhores regras do romance de aventuras marítimas. É impossível distinguir o verdadeiro do falso. Os *Atos* terminam curiosamente não pelo martírio de Paulo, mas pelo espetáculo edificante de um apóstolo que continua em Roma, com toda tranquilidade, sua atividade apostolar. O que testemunha, com muitos outros detalhes, a benevolência pró-romana dos autos dos *Atos*.

No entanto, acima de tudo, o próprio Paulo nos ensina que o que importa não são os signos de poder, nem as vidas exemplares, mas uma convicção de que se é capaz, aqui, agora e para sempre.

3

TEXTOS E CONTEXTOS

Os textos de Paulo são cartas escritas, por um dirigente, aos grupos que ele fundou ou apoiou. Elas abarcam um período muito breve (de 50 a 58). São documentos militantes enviados a pequenos núcleos de convertidos. Não são, de maneira alguma, narrativas como os Evangelhos, nem tratados teóricos como escreverão mais tarde os doutores da Igreja, e tampouco profecias líricas como o *Apocalipse* atribuído a João. Trata-se de *intervenções*. Desse ponto de vista, parecem mais com os textos de Lenin do que com *O capital**, de Marx; mais com a maioria dos textos de Lacan do que com *A interpretação dos sonhos***, de Freud; mais com os tratados de Wittgenstein do que com os *Principia Mathematica**** [princípios básicos matemáticos], de Russell. Encontraremos nessa forma, em que a oportunidade da ação prevalece sobre a preocupação de se valorizar por publicações (Lacan dizia "*poubellications*****"), um tratado do antifilósofo: ele não escreve um sistema teórico, nem um compêndio, nem sequer realmente um livro. Ele propõe uma palavra de ruptura e a escrita segue quando é necessária.

---

* Karl Marx, *O capital* (trad. Reginaldo Sant'Anna, Rio de Janeiro, Civilização Brasileira, 2006/2008, 6 v.). (N. E.)

** Sigmund Freud, *A interpretação dos sonhos* (Rio de Janeiro, Imago, 1999). (N. E.)

*** Bertrand Russell e Alfred North Whitehead, *Principia Mathematica* (Cambridge, Universidade Cambridge, 1910/1913, 3 v.). (N. E.)

**** Cabe lembrar que *poubelle*, em francês, significa "lixeira". (N. T.)

42 • São Paulo

O enigma é, sobretudo, saber como esses textos de conjuntura chegaram até nós e quem comandou sua solene e suspeita inclusão no sacrossanto *corpus* conhecido pelo nome de Novo Testamento.

A coletânea canônica das "epístolas de Paulo" é tardia. Data provavelmente do fim do século II. As cópias mais antigas das quais dispomos são do início do século III e são apenas fragmentos. Além disso, como assinalamos, das treze cartas contidas no Novo Testamento, pelo menos seis são certamente apócrifas, mesmo que se possa pensar, no caso de algumas delas, que provêm do "círculo" de Paulo.

Por que e como esse *corpus* foi sacralizado? Lembremos que Paulo não tem legitimidade histórica evidente. Ele não é um dos doze apóstolos. Ele não conheceu nada da vida do Senhor. Deu muitas preocupações ao centro histórico de Jerusalém.

Quatro importantes observações podem esclarecer essa singularidade.

1. Não deixaremos de relembrar por que uma ilusão tenaz, devido à ordem canônica multissecular do Novo Testamento, impõe à nossa opinião espontânea uma certeza contrária: *as epístolas de Paulo são anteriores, e muito, à redação dos Evangelhos*. Ou melhor: as epístolas de Paulo são simplesmente *os textos cristãos mais antigos que chegaram até nós*. Obviamente, narrativas orais da vida de Jesus, de seus milagres, de sua morte deviam circular abundantemente na época da pregação de Paulo. Mas não nos chegou nenhum documento escrito que fixe essa história e seja anterior ao ano 70, ou seja, cerca de dez anos após a morte de Paulo. Se datamos de 50 a primeira epístola aos tessalonicenses, o que é plausível, a distância que a separa do primeiro evangelho redigido (o de Marcos) é de vinte anos. Há uma nítida anterioridade de Paulo no que diz respeito à circulação escrita da doutrina cristã. E como suas cartas foram copiadas e circularam muito cedo, sem dúvida, teria sido difícil pura e simplesmente ignorá-las quando chegou o momento (muito tarde, no fim do século III) de reunir os documentos fundadores da nova religião.

2. Os Evangelhos, salvo o de João (que é mais tardio, talvez em torno do ano 90), formam com as epístolas de Paulo um verdadeiro contraste, ao qual deveremos voltar. O objetivo deles é visivelmente

evidenciar as *façanhas* de Jesus, a singularidade excepcional de sua vida. Todos os grandes clássicos da taumaturgia e do charlatanismo religioso são ali abundantemente citados: curas milagrosas, caminhada sobre as águas, adivinhações e comunicados, mortos ressuscitados, fenômenos meteorológicos anormais, imposição de mãos, multiplicação instantânea de víveres... O estilo de Jesus, tal como nos é restituído pelos Evangelhos, está de acordo em seu conjunto com a parafernália do mágico itinerante. Certamente, ele brilha pelo sabor de seus aforismos e pela vontade de ruptura a que ele sabe dar forma. É influenciado também pelas leis do gênero: parábolas com duplo sentido, metáforas obscuras, imagens apocalípticas, irresolubilidade sabiamente construída da identidade do personagem (Profeta? Messias? Enviado de Deus? Filho de Deus? Novo Deus que desceu sobre a terra?).

Os textos de Paulo não levam em consideração quase nada disso, o que, no entanto, devia ser narrado com muitos detalhes no meio cristão da primeira geração. Observamos, muitas vezes, que a vida empírica de Jesus não foi praticamente mencionada nas epístolas, aliás, da mesma maneira que nenhuma das famosas parábolas do mestre. O ensinamento de Jesus, assim como seus milagres, é soberbamente ignorado. Tudo é reduzido a um único ponto: Jesus, filho de Deus (o que isso quer dizer, veremos) e Cristo por essa razão, morreu na cruz e ressuscitou. O resto, todo o resto, não tem a menor importância real. Digamos até que o resto (o que Jesus disse e fez) *não é o real da convicção, mas a obstrui e até mesmo a falsifica*. A essa redução só convém um estilo concentrado e sem as manias da literatura profética e taumaturga. Certamente, Paulo é um grande escritor, conciso, formulador, que sabe deixar para o momento oportuno raras e poderosas imagens. Como nos salientou o poeta Henry Bauchau, algumas passagens, que combinam uma espécie de abstração violenta e rupturas de tom na tentativa de convencer o leitor, de modo a não lhe possibilitar nenhum descanso, são semelhantes a monólogos de Shakespeare. Mas o que importa nessa prosa é definitivamente a argumentação e a delimitação, a forte manifestação de um núcleo essencial do pensamento. Não há, então, parábolas, nem obscuridades complicadas, nem indecisão subjetiva ou deformação da verdade. O paradoxo da fé deve ser produzido tal como é, levado pela prosa à luz de sua novidade radical.

De tudo isso, resulta que as epístolas de Paulo são os únicos verdadeiros textos *doutrinários* do Novo Testamento. É possível compreender – por exemplo – que Lutero tenha afirmado que as epístolas de Paulo, e somente elas, continham o sentido da Revelação e não tenha escondido sua pouca estima pelos evangelhos sinópticos, particularmente pelo de Lucas.

Sem os textos de Paulo, a mensagem cristã permaneceria ambígua e mal desembaraçada da literatura profética e apocalíptica superabundante na época. Este é um importante motivo de sua presença no *corpus* canônico.

3. O que aconteceu entre a redação dos textos de Paulo e a dos Evangelhos? Um acontecimento capital: a sublevação judaica contra a ocupação romana, desencadeada em 66 (muito provavelmente após a morte de Paulo) e que terminou em 70 com a destruição do templo de Jerusalém por Tito. Trata-se do verdadeiro início da diáspora judaica. Trata-se, sobretudo, do fim do significado "central" de Jerusalém para o movimento cristão. A partir daquela época, tem início o processo que, aos poucos, fará de Roma a verdadeira capital do cristianismo e riscará historicamente sua origem oriental e judaica, da qual Jerusalém, onde residiam os apóstolos históricos, era o símbolo.

Ora, Paulo é por mais de uma razão o precursor desse deslocamento, por sua visão universal e descentralizada da construção dos núcleos cristãos. Certamente, para ele, a estrutura do Império Romano, que significa o mundo entre o Oriente e a Espanha, é mais importante do que a preeminência de Jerusalém. O fato de seu texto mais desenvolvido, mais construído, mais decisivo, especialmente no que diz respeito à ruptura com a Lei judaica, ser uma epístola aos romanos faz parte desse gênero de acasos cuja função simbólica é inevitável. Mais uma razão importante para inscrever Paulo no *corpus* oficial.

4. Todos sabem que uma organização constitui a coletânea de seus textos de referência quando ela deve fixar sua orientação contra desvios perigosos ou lutar contra cisões ameaçadoras. Em

relação a isso, os primeiros séculos do cristianismo foram particularmente atormentados. Para a questão que nos ocupa, é essencial levar em conta o surgimento, desde o início do século II, de uma heresia que pode muito bem ser chamada de ultrapaulina, a heresia de Marcião.

Marcião, dando o sinal de partida da longa série de heresias de orientação maniqueísta, sustenta que a ruptura entre cristianismo e judaísmo, (para nós) entre Antigo Testamento e Novo Testamento, deve ser considerada absoluta em um sentido preciso: *não é do mesmo Deus que tratam as duas religiões.* O Antigo Testamento trata do Deus que criou o mundo e, como a consideração do mundo tal como ele existe é suficiente para estabelecê-lo, esse Deus é um ser maléfico. Acima desse Deus criador, existe um Deus verdadeiramente bom, cuja imagem é a de um Pai e não a de um criador. É possível dizer que, para Marcião, o pai simbólico (revelado apenas pelo cristianismo) deve ser distinguido do pai criador ou real. O Deus do cristianismo (o Pai simbólico) não é conhecido com o mesmo sentido que o Deus do Antigo Testamento (o genitor). O segundo é diretamente revelado pela narrativa de seus obscuros e caprichosos malefícios. O primeiro, de quem o mundo não nos dá nenhuma pista e do qual, portanto, não poderia haver um conhecimento direto ou, no estilo da narrativa, somente é acessível por meio da vinda de seu Filho. O resultado disso é que a Nova cristã é, pura e simplesmente, uma revelação mediadora do verdadeiro Deus, acontecimento do Pai, que ao mesmo tempo revela a impostura do Deus criador do qual nos fala o Antigo Testamento.

O tratado de Marcião, que chegou até nós, denomina-se *Antithèses* [antíteses]. Questão crucial: sustenta que o único apóstolo autêntico foi Paulo; os outros pretensos apóstolos, liderados por Pedro, continuaram sob o imperativo do obscuro Deus criador. Houve, certamente, boas razões para que o herege recrutasse assim "o apóstolo das nações": a luta de Paulo contra os judeo-cristãos de estrita observância, sua concepção do cristianismo como pertinente ao acontecimento e sua polêmica relativa à dimensão mortífera da Lei. Exagerando um pouco, poderíamos chegar à concepção de Marcião: o novo Evangelho é um começo absoluto.

No entanto, não há dúvida de que se trata de uma manipulação. Não existe nenhum texto de Paulo do qual se possa extrair algo que se assemelhe à doutrina de Marcião, isto é, que o Deus de quem Jesus Cristo é o filho seja o Deus do qual fala o Antigo Testamento, o Deus dos judeus, seja para Paulo uma evidência constantemente mencionada. Se há uma figura da qual Paulo sente-se próximo e utiliza sutilmente para seus próprios fins é a de Abraão. Que Paulo enfatize a ruptura com o judaísmo, mais do que a continuidade, não há dúvida. Mas é uma tese militante e não uma tese ontológica. A unicidade divina atravessa as duas situações separadas pelo acontecimento-Cristo e ela não tem nenhum momento duvidoso.

Para combater a perigosa heresia de Marcião (a qual, de fato, renega abruptamente o compromisso de Jerusalém e corre o risco de tornar o cristianismo uma seita sem qualquer profundidade histórica), os doutores da Igreja estabeleceram certamente contra o ultrapaulinismo uma figura racional e "centrista" de Paulo. É, sem dúvida, dessa época, que data a construção do Paulo oficial, não sem truques e desvios diversos. Na verdade, somente conhecemos Marcião por seus adversários ortodoxos, Irineu ou Jerônimo. E, simetricamente, conhecemos Paulo pela imagem dele que foi preciso construir contra aqueles que, numa visão extremista da ruptura cristã, apoderaram-se dos enunciados mais radicais do fundador. Assim se explica, em parte, a inclusão das epístolas de Paulo no *corpus* final: mais vale para a Igreja em vias de sedimentação ter com ela um Paulo racional do que um Paulo inteiramente virado para o lado da heresia. Mas é possível que, pelas necessidades da causa, ao filtrar os verdadeiros textos e fabricar falsos, tenha-se "adireitado" um pouco o apóstolo ou, pelo menos, acalmado seu radicalismo. Operação em que, desde o fim do século I, se engajou, como vimos, o redator dos *Atos*.

Mas, apesar de tudo, quando se lê Paulo, surpreende-se, nas poucas linhas deixadas de sua prosa pela época, com os gêneros e as circunstâncias. Existe ali, sob o imperativo do acontecimento, algo vigoroso e atemporal, algo que, precisamente porque se trata de destinar um pensamento ao universal *em sua singularidade nascente*, mas independentemente de qualquer particularidade, nos é inteligível sem termos de recorrer a pesadas mediações históricas (o que está longe de ser o caso de diversas passagens dos Evangelhos, para não falar do opaco *Apocalipse*).

Sem dúvida, ninguém melhor esclareceu essa contemporaneidade perpétua da prosa de Paulo que um dos maiores poetas de nossos tempos, Pier Paolo Pasolini, quem, é verdade que com seus dois prenomes, simplesmente pelo significante, estava no cerne do problema.

Pasolini, para quem a questão do cristianismo cruzava a do comunismo, ou ainda a questão da santidade cruzava a do militante, queria fazer um filme sobre São Paulo transposto para o mundo atual. O filme não foi rodado, mas temos seu roteiro detalhado, traduzido para o francês pelas edições Flammarion.

O objetivo de Pasolini era fazer de Paulo um contemporâneo sem modificar nada em seus enunciados. Ele queria restituir, de modo mais direto, mais violento, a convicção de uma atualidade integral de Paulo. Não se tratava de dizer explicitamente ao espectador que se poderia imaginar Paulo aqui, hoje, entre nós, em sua plena existência física, que é à nossa sociedade que Paulo se dirige, que é por nós que ele chora, ameaça e perdoa, agride e abraça com ternura. Ele queria dizer: Paulo é nosso contemporâneo fictício porque o conteúdo universal de sua pregação, inclusive obstáculos e derrotas, ainda é absolutamente real.

Para Pasolini, Paulo desejou destruir de maneira revolucionária um modelo de sociedade baseado na desigualdade social, no imperialismo e na escravidão. Existe nele o santo querer da destruição. Certamente, no filme planejado, Paulo fracassa e esse fracasso é mais interno do que público. Mas ele pronuncia a verdade do mundo, e o faz sem que seja necessário mudar nada, nos mesmos termos em que falou há quase dois mil anos.

A tese de Pasolini é tripla:

1. Paulo é nosso contemporâneo porque o acaso fulgurante, o acontecimento, o simples encontro estão sempre na origem de uma santidade. Ora, a figura do santo atualmente nos é necessária, mesmo que os conteúdos do encontro instituinte possam variar.

2. Se transportamos Paulo e todos os seus enunciados para nosso século, veremos que, na verdade, eles encontram uma sociedade

48 • São Paulo

real tão criminosa e corrompida quanto a do Império Romano, mas infinitamente mais resistente e flexível.

3. Os enunciados de Paulo são atemporalmente legítimos.

A temática central situa-se na relação entre a atualidade e a santidade. Quando o mundo da história tende a se dissipar no mistério, na abstração, na pura interrogação, é o mundo do divino (da santidade) que, descido entre os humanos sob a forma de acontecimento, se torna concreto, operante.

O filme é o trajeto de uma santidade numa atualidade. Como se faz a transposição?

Roma é Nova York, capital do imperialismo norte-americano. O centro cultural que é Jerusalém ocupada pelos romanos, centro também do conformismo intelectual, é Paris sob a ocupação alemã. A pequena comunidade cristã balbuciante é representada pelos membros da Resistência, enquanto os fariseus são os partidários de Pétain.

Paulo é um francês, originário da burguesia, colaborador, que persegue os resistentes.

Damasco é a Barcelona da Espanha de Franco. O fascista Paulo segue em missão junto a franquistas. No caminho para Barcelona, enquanto atravessava o sudoeste da França, ele tem uma iluminação. Passa para o campo antifascista e resistente.

Em seguida, continua seu périplo para pregar a resistência, na Itália, na Espanha e na Alemanha. Atenas, aquela dos sofistas que se recusaram a ouvir Paulo, é representada pela Roma contemporânea, pelos pequenos intelectuais e críticos italianos, detestados por Pasolini. Finalmente, Paulo vai a Nova York, onde é traído, preso e executado em condições sórdidas.

Nesse itinerário, o aspecto central torna-se progressivamente o da traição, cujo resultado é que o que Paulo cria (a Igreja, a Organização, o Partido) volta-se contra sua própria santidade interna. Pasolini baseia-se, aqui, numa grande tradição (nós a estudaremos) que vê, em Paulo, mais o infatigável criador da Igreja do que um teórico do acontecimento cristão. Um homem de aparelho, em suma, um militante da III Internacional. Para Pasolini, meditando por meio de Paulo sobre o comunismo, o Partido, pelas exigências fechadas da militância, inverte aos poucos a santidade, transformando-a em sacerdócio. Como a autêntica santidade (que Pasolini reconhece absolutamente em Paulo) pode suportar a prova de uma história fugidia e monumental ao mesmo tempo em que ela é uma exceção e não uma operação? Ela só o consegue endurecendo-se, tornando-se autoritária e organizada. Mas esse enrijecimento, que deve preservá-la de qualquer corrupção pela história, mostra-se ele mesmo uma corrupção essencial, a do santo pelo padre. É o movimento, quase necessário, de uma traição interna. E essa traição interna é captada por uma traição externa, de modo que Paulo é denunciado. O traidor é São Lucas, apresentado como agente do Diabo, que escreve os *Atos dos Apóstolos* num estilo melífluo e enfático visando anular a santidade. Essa é a interpretação dos *Atos* feita por Pasolini: trata-se de escrever a vida de Paulo como se, sempre, ele tivesse sido apenas um padre. Os *Atos*, e de modo mais geral a imagem oficial de Paulo, mostram-nos o santo ocultado pelo padre. Trata-se de uma falsificação, pois Paulo *é* um santo. Mas o filme nos leva a compreender a verdade dessa impostura: em Paulo, a dialética imanente da santidade e da atualidade constrói uma figura subjetiva do padre. Paulo morre também do que obscureceu sua santidade.

Uma santidade mergulhada em uma atualidade como aquela do Império Romano, ou também como a do capitalismo contemporâneo, somente pode ser protegida criando, com toda a rigidez necessária, uma Igreja. Mas essa Igreja transforma a santidade em sacerdócio.

Em tudo isso, o mais surpreendente é que os textos de Paulo, tais como eles são, inserem-se com uma naturalidade quase incompreensível nas situações em que Pasolini os expõe: a guerra, o fascismo, o capitalismo norte-americano, as pequenas discussões da *intelligentsia* italiana... Dessa experimentação artística do valor universal, tanto do núcleo de seu pensamento quanto da atemporalidade de sua prosa, Paulo sai, por incrível que pareça, vitorioso.

4

TEORIA DOS DISCURSOS

Quando Paulo foi designado, pela Assembleia de Jerusalém, apóstolo das ἔϑνοι (traduzida de forma muito inexata por "nações"), poderíamos pensar que, a partir de então, sua pregação se direciona a um conjunto de povos e de costumes absolutamente aberto, efetivamente, todos os subconjuntos humanos do Império, os quais são bastante numerosos. Ora, constantemente, Paulo menciona de maneira explícita apenas duas entidades: os judeus e os gregos, como se essa representação metonímica fosse suficiente, ou como se, com esses dois referentes, tivesse esgotado, no que diz respeito à revelação cristã e sua destinação universal, o conjunto das ἔϑνοι. Qual é a situação dessa dupla judeu/grego, que representa por si só a complexidade "nacional" do Império?

Uma resposta elementar é que "grego" é um equivalente de "pagão", e que, em última análise, a multiplicidade dos povos é encoberta pela oposição simples entre o monoteísmo judaico e o politeísmo oficial. Todavia, essa resposta não é convincente, pois quando Paulo fala dos gregos, ou do grego, apenas em ocasiões excepcionais atribui essas palavras a uma crença religiosa. De modo geral, fala da sabedoria e, portanto, da filosofia.

É essencial compreender que, no léxico de Paulo, "judeu" e "grego" não designam exatamente nada do que, espontaneamente, poderíamos entender com a palavra "povo", ou seja, um conjunto humano objetivo, que pode ser apreendido por suas crenças, seus costumes, sua língua, seu território etc. Também não se trata de religiões constituídas e legalizadas. Na realidade, "judeu" e "grego"

52 • São Paulo

são disposições subjetivas. Mais precisamente, trata-se do que Paulo considera duas figuras intelectuais coerentes do seu mundo; ou seja, o que se pode chamar de regimes *do discurso*. Quando teoriza sobre o judeu e sobre o grego, Paulo nos propõe de fato um tópico dos discursos. E esse tópico destina-se a introduzir um terceiro discurso, o seu, para tornar legível sua completa originalidade. Da mesma maneira que Lacan, que pensa o discurso analítico simplesmente para inscrevê-lo em um tópico móvel a partir do qual ele se conecta aos discursos do mestre, do histérico e da universidade, Paulo institui o "discurso cristão" distinguindo suas operações daquelas dos discursos judaico e grego. E a analogia é ainda mais impressionante porque, como veremos, Paulo não completa seu plano senão ao definir, como limite do seu próprio, um quarto discurso, que poderia ser denominado místico. Como se todos os tópicos dos discursos tivessem de organizar um quadrilátero. Mas não foi Hegel que esclareceu esse ponto quando, no final de sua *Lógica*, mostrou que o Saber absoluto de uma dialética ternária exige um quarto termo?

O que é o discurso judaico? A figura subjetiva que ele constitui é a do profeta. Ora, um profeta é aquele que se mantém na requisição dos signos, que faz signo, atestando a transcendência pela exposição do obscuro para seu deciframento. Manteremos, então, que o discurso judaico é acima de tudo o discurso do sinal.

Agora, o que é o discurso grego? A figura subjetiva que ele constitui é a do sábio. Ora, a sabedoria é a apropriação da ordem fixa do mundo, acoplamento do logos ao ser. O discurso grego é *cósmico*, dispondo o sujeito na razão de uma totalidade natural. O discurso grego é essencialmente discurso da totalidade, uma vez que ele sustenta a σοφία (a sabedoria como estado interno) de uma inteligência da φύσις (a natureza como desenvolvimento ordenado e concluído do ser).

O discurso judaico é um discurso da exceção, pois o signo profético, o milagre e a eleição de seu povo designam a transcendência como algo que ultrapassa a totalidade natural. O próprio povo judaico é, ao mesmo tempo, signo, milagre e eleição. Ele é propriamente excepcional. O discurso grego invoca a ordem cósmica para se ajustar a ela, enquanto o discurso judaico invoca a exceção a essa ordem para assinalar a transcendência divina.

A ideia profunda de Paulo é que os discursos judaico e grego são *as duas faces de uma mesma figura de dominação*, pois a exceção miraculosa do signo é apenas o "menos um", o ponto fraco, do qual se sustenta a totalidade cósmica. Aos olhos do judeu Paulo, a fraqueza do discurso judaico é que sua lógica do signo excepcional vale apenas *para* a totalidade cósmica grega. O judeu é, na exceção, grego. O resultado disso é que, em primeiro lugar, nenhum dos dois discursos pode ser universal, uma vez que cada um pressupõe a persistência do outro. E, em segundo, os dois discursos têm em comum supor que, no universo, nos é dada a chave da salvação, seja pela dominação direta da totalidade (sabedoria grega), seja pela dominação da tradição literal e do deciframento dos signos (ritualismo e profetismo judaicos). Para Paulo, quer a totalidade cósmica seja vista como tal, quer seja decifrada a partir da exceção do signo, institui em todos os casos uma teoria da salvação ligada a uma dominação (a uma lei), com o grave inconveniente suplementar que a dominação do sábio e a do profeta, necessariamente inconscientes de sua identidade, dividem a humanidade em duas (o judeu *e* o grego), bloqueando assim a universalidade do Anúncio.

O projeto de Paulo é mostrar que uma lógica universal da salvação não pode se contentar com nenhuma lei, nem a que liga o pensamento ao cosmos, nem a que controla os efeitos de uma excepcional eleição. É impossível que o ponto de partida seja o Todo, mas também é impossível que ele seja uma exceção ao Todo. Nem a totalidade nem o signo podem ser convenientes. É preciso partir do acontecimento enquanto tal, que é acósmico e ilegal, que não se integra a nenhuma totalidade e não é signo de nada. Mas partir do acontecimento não liberta de nenhuma lei, de nenhuma forma de dominação, nem a do sábio nem a do profeta.

É possível dizer também: o discurso grego e o discurso judaico são ambos discursos *do Pai*. Aliás, é por isso que eles consolidam comunidades numa forma de obediência (ao Cosmos, ao Império, a Deus e à Lei). Somente tem chance de ser universal, sem qualquer particularismo, o que se apresentar *como um discurso do Filho*.

Essa figura do filho evidentemente apaixonou Freud, assim como está subentendida na identificação de Pasolini com o apóstolo. Para o primeiro, no que diz respeito ao monoteísmo judaico do qual Moisés é a figura fundadora descentrada (o egípcio como Outro da origem), o cristianismo coloca a questão da relação dos filhos com a Lei, com, em um segundo plano, o assassinato simbólico do pai. Para o segundo, a força do pensamento interno no desejo homossexual orienta-se para o surgimento de uma humanidade igualitária, em que a concordata do filho anula, em benefício do amor da mãe, o simbolismo esmagador dos pais, que se materializa nas instituições (na Igreja ou no Partido comunista). O Paulo de Pasolini é, além disso, desmembrado entre a santidade do filho – ligado, dado o que é a lei do mundo, à abjeção e à morte – e o ideal de poder do pai, que o leva a criar, para dominar a história, um aparelho coercitivo.

Para Paulo, a emergência da instância do filho está essencialmente ligada à convicção de que o "discurso cristão" é absolutamente *novo*. A fórmula de acordo com a qual Deus nos enviou seu filho significa, antes de tudo, uma intervenção na história, pela qual esta não é mais governada por um cálculo transcendente conforme as leis de uma época, mas é, como disse Nietzsche, "quebrada em duas". O envio (o nascimento) do filho nomeia essa quebra. Que a referência seja o filho, e não o pai, intima-nos a não confiar mais em nenhum discurso que pleiteie a forma da dominação.

Que o discurso deva ser o do filho quer dizer que ele não precisa ser nem judeo-cristão (dominação profética), nem grego-cristão (dominação filosófica), nem tampouco uma síntese dos dois. Opor uma diagonal dos discursos a uma síntese é uma preocupação constante de Paulo. É João que, ao fazer do logos um princípio, inscreverá sinteticamente o cristianismo no espaço do logos grego e o incitará ao antijudaísmo. Essa não é, de maneira alguma, a atitude de Paulo. Para ele, o discurso cristão não pode manter a fidelidade ao filho a não ser traçando, à mesma distância da profecia judaica e do logos grego, uma terceira figura.

Essa tentativa somente pode se realizar numa espécie de queda da figura do mestre. E uma vez que existem duas figuras do mestre, aquela que se baseia no cosmos, o mestre com sabedoria, o mestre grego, e aquela que se baseia na força da exceção, o mestre da letra e dos signos, o mestre judaico, Paulo não será nem profeta nem filósofo. A triangulação que ele propõe então é: profeta, filósofo, apóstolo.

O que significa exatamente "apóstolo" (ἀπόστολος)? De qualquer maneira, nada de empírico ou histórico. Para ser apóstolo, não se requer que tenha sido um companheiro do Cristo, uma testemunha do acontecimento. Paulo apoia-se somente em si próprio que, segundo sua expressão, foi "chamado para ser apóstolo", e recusa explicitamente a pretensão daqueles que, em nome do que foram e do que viram, creem ser garantia da verdade. Ele se refere a eles como "aqueles que são os mais considerados", e parece não compartilhar dessa consideração. Aliás, ele acrescenta: "independentemente do que tenham sido outrora, isso não me importa: Deus não faz distinção das pessoas" (Gl. 2. 6). Um apóstolo não é uma testemunha dos fatos, nem uma memória.

Numa época em que, por todos os lados, somos convidados à "memória", como guardiã dos sentidos, e à consciência histórica, como substituta da política, a força da posição de Paulo não nos poderia escapar. Pois é bem verdade que nenhuma memória guarda, não importa quem prescrever, o tempo, inclusive o passado, segundo sua determinação presente. Não tenho dúvida de que seja preciso lembrar-se da exterminação dos judeus ou dos resistentes. Mas constato que um maníaco neonazista tem uma memória colecionadora do período que ele venera e que, ao se lembrar com precisão das atrocidades nazistas, se delicia com elas e aspira seu reinício. Vejo um grande número de pessoas instruídas, mesmo historiadores, tirarem, de sua memória da ocupação e dos documentos que acumulam, a conclusão que Pétain teve muitos méritos. Consequentemente, é evidente, a "memória" não resolve questão alguma. Há sempre um momento em que o que importa é declarar, em seu próprio nome, que o que aconteceu, aconteceu, e fazê-lo porque o que se considera em relação às possibilidades *atuais* de uma situação o exige. Essa é exatamente a convicção de Paulo: o debate sobre a ressurreição não é mais, aos seus olhos, um debate de historiadores e de testemunhas como, aos meus, não é a existência das câmaras de gás. Não demandaremos provas e contraprovas. Não discutiremos com os antissemitas eruditos, de alma nazista, que "provam" de modo superabundante que nenhum judeu foi maltratado por Hitler.

Ao que é preciso acrescentar que a ressurreição – ponto de que evidentemente nossa comparação se afasta – não é, na opinião do próprio Paulo, da ordem do fato, falsificável ou demonstrável. Ela é puro acontecimento, começo de uma época, mudança das relações entre o possível e o impossível, pois o interesse na ressurreição do Cristo não está nela mesma, como seria o caso de um fato particular ou milagroso. Seu sentido verdadeiro é que ela revela a vitória possível sobre a morte, morte que Paulo considera, veremos detalhadamente, não como facticidade, mas como disposição subjetiva. Isso porque é preciso constantemente ligar a ressurreição à *nossa* ressurreição, ir da singularidade à universalidade e vice-versa: "Se os mortos não ressuscitam, Cristo também não ressuscitou. E se Cristo não ressuscitou, vossa fé é em vão" (1Cor. 15. 16). Ao contrário do fato, o acontecimento somente é mensurável de acordo com a multiplicidade universal da qual ele prescreve a possibilidade. É nesse sentido que ele é graça e não história.

O apóstolo é, então, aquele que nomeia essa possibilidade (o Evangelho, a boa-nova, é simplesmente isso: nós *podemos* vencer a morte). Seu discurso é de pura fidelidade à possibilidade aberta pelo acontecimento. Ele não poderia, então, de maneira alguma (e esse é o ponto máximo da antifilosofia de Paulo), depender do conhecimento. O filósofo conhece as verdades eternas, o profeta, o sentido unívoco do que virá (mesmo que ele somente o libere em imagens, em signos). O apóstolo, que proclama uma possibilidade inédita, ela própria dependente de uma graça pertinente ao acontecimento, nada conhece, no sentido exato da palavra. Imaginar conhecer, quando se trata das possibilidades subjetivas, é uma impostura: "Aquele que crê saber alguma coisa (ἐγνωκέναι τι), ainda não conheceu como é preciso conhecer" (1Cor. 8. 2). Como se deve conhecer, quando se é apóstolo? De acordo com a verdade de uma declaração e de suas consequências que, não tendo provas nem visibilidade, surge no ponto de desaparecimento do saber, seja empírico ou conceitual. Paulo não hesita em dizer, caracterizando, no ponto da salvação, o discurso cristão: "O conhecimento (γνῶσις) desaparecerá" (1Cor. 13. 8).

O texto em que se recapitulam, sob o signo de um desaparecimento (pertinente ao acontecimento) das virtudes do saber, as características do discurso cristão tal como ele induz a figura subjetiva
do apóstolo, encontra-se na primeira epístola aos coríntios:

Na verdade, não foi para batizar que Cristo me enviou, mas para anunciar o Evangelho, e isso sem recorrer à sabedoria dos discursos, a fim de
que a cruz do Cristo não se torne vã. Pois a predicação da cruz é uma
loucura para aqueles que morrem; mas, para nós que fomos salvos, ela é
o poder de Deus. Ele escreveu também: "Eu destruirei a sabedoria dos
sábios e aniquilarei a inteligência dos inteligentes". Onde está o sábio?
Onde está o escriba? Onde está o discutidor deste século? Deus não con-
venceu de loucura a sabedoria do mundo? Pois, uma vez que o mundo,
com sua sabedoria, não conheceu Deus na sabedoria de Deus, ele pediu
a Deus para salvar aqueles que creem, por meio da loucura de nossa pregação. Na verdade, enquanto os judeus demandam milagres e os gregos
buscam a sabedoria, nós pregamos sobre Cristo crucificado, que é um
escândalo para os judeus, uma loucura para os pagãos, mas que, para
todos aqueles que são chamados, tanto judeus quanto gregos, é o poder
de Deus, a sabedoria de Deus! Pois a loucura de Deus é mais sábia que
os homens e a fraqueza de Deus é mais forte que os homens.
Considerai, irmãos, que, entre vós que fostes chamados, não há nem
muitos sábios de acordo com a carne, nem muitos poderosos, nem muitos nobres. Mas Deus escolheu as coisas loucas do mundo para confundir os sábios; Deus escolheu as coisas fracas do mundo para confundir
os fortes; Deus escolheu as coisas vis do mundo e as mais desprezadas,
aquelas que não são, para reduzir a nada aquelas que são, a fim de que
ninguém se glorifique diante de Deus. (1 Cor. 1. 17 e ss.)

O anúncio do Evangelho é feito sem a sabedoria da linguagem
"a fim de que a cruz do Cristo não se torne vã". O que significa que
o acontecimento de que a cruz é o símbolo se torne vão?
Simplesmente que esse acontecimento é de natureza tal que o logos
filosófico não tem condições de declará-lo. A tese subjacente é que
um dos fenômenos pelo qual se identifica um acontecimento é que
ele seja como um ponto real *que coloca a língua num impasse*. Esse
impasse é loucura (μωρία) para o discurso grego, que é

um discurso da razão, e é escândalo (σάνδαλον) para o discurso judaico, que exige um signo do poder divino e vê no Cristo apenas fraqueza, abjeção e peripécias desprezíveis. O que impõe a invenção de um novo discurso, e de uma subjetividade que não seja filosófica nem profética (o apóstolo), é justamente que apenas à custa dessa invenção o acontecimento encontra acolhimento e existência na língua. Para as linguagens estabelecidas, ele não é receptível, porque é propriamente inominável.

De um ponto de vista mais ontológico, é preciso sustentar que o discurso cristão não comporta nem o Deus da sabedoria (pois Deus escolheu as coisas loucas), nem o Deus do poder (pois Deus escolheu as coisas fracas e vis). Mas o que unifica essas duas determinações tradicionais e fundamenta sua rejeição é ainda mais profundo. Sabedoria e poder são atributos de Deus por serem atributos do ser. Deus é expresso como intelecto soberano ou como governo do destino do mundo e dos homens, na exata medida em que o puro intelecto é o ponto supremo do ser especificado por uma sabedoria, e na exata medida em que o poder universal é aquele do qual podem ser distribuídos ou valorizados, no devir dos homens, os inúmeros signos, que são signos do Ser assim como vão além dos seres. É preciso, portanto, na lógica de Paulo, chegar a dizer que *o acontecimento-Cristo comprova que Deus não é o Deus do ser, não é o Ser*. Paulo faz uma crítica antecipada do que Heidegger nomeia a ontoteologia, em que Deus é pensado como supremo e, portanto, como medida do que o ser como tal é capaz.

O enunciado mais radical do texto que comentamos é de fato: "Deus escolheu as coisas que não são (τὰ μὴ ὄντα) para abolir aquelas que são (τὰ ὄντα)". Que o acontecimento-Cristo saliente como afirmação de Deus os que não são mais do que os que são, e que se trate de uma abolição do que todos os discursos anteriores declaram existir, ou ser; dá uma medida dessa subversão ontológica para a qual a antifilosofia de Paulo convida o declarante ou o militante.

É na invenção de uma língua em que loucura, escândalo e fraqueza suplantam a razão do conhecimento, a ordem e o poder, em que o não ser é a única afirmação validável do ser articulado pelo discurso cristão. Aos olhos de Paulo, essa articulação é incompatível com qualquer perspectiva (e elas não faltaram, pouco depois de sua morte) de uma "filosofia cristã".

A posição de Paulo, no que diz respeito à novidade do discurso cristão em relação a todas as outras formas do saber e à incompatibilidade entre cristianismo e filosofia, é tão radical que confunde até Pascal. Sim, Pascal, outra grande figura da antifilosofia, aquele que busca identificar o sujeito cristão nas condições modernas do sujeito da ciência, aquele que estigmatiza Descartes ("inútil e contestável"), aquele que opõe o Deus de Abraão, de Isaac e de Jacó ao Deus dos filósofos e dos sábios, Pascal não consegue compreender Paulo.

Consideremos, por exemplo, o fragmento 547 de *Pensamentos*[1]:

Conhecemos Deus apenas por meio de Jesus Cristo. Sem esse Mediador, é suprimida toda comunicação com Deus; por meio de Jesus Cristo, conhecemos Deus. Todos aqueles que pretenderam conhecer Deus e comprová-lo sem Jesus Cristo somente tinham provas ineficazes. Mas para comprovar Jesus Cristo temos as profecias, que são provas sólidas e palpáveis. E essas profecias, tendo sido cumpridas e comprovadas verdadeiras pelo acontecimento, denotam a certeza dessas verdades e, portanto, a prova da divindade de Jesus Cristo. Nele e por ele, conhecemos então Deus. Fora disso e sem as Escrituras, sem o pecado original, sem Mediador necessário prometido e vindo, não se pode absolutamente comprovar Deus, nem ensinar boa doutrina nem boa moral. Mas por meio de Jesus Cristo e em Jesus Cristo, comprova-se Deus e ensina-se a moral e a doutrina. Jesus Cristo é, portanto, o verdadeiro Deus dos homens.

Mas, ao mesmo tempo, conhecemos a nossa miséria, pois aquele Deus nada mais é do que o Reparador de nossa miséria. Assim, não podemos conhecer bem Deus senão conhecendo nossas iniquidades. Além disso, aqueles que conheceram Deus sem conhecer sua própria miséria não o glorificaram, mas foram glorificados. *Quia... non cognovit per sapientiam... placuit Deo per stultitiam praedicationis salvos facere.*

Esse texto permite facilmente identificar o que há de comum em Pascal e Paulo: a convicção de que a declaração fundamental diz

---

[1] Blaise Pascal, *Pensées*, fragment 547. [Ed. bras.: *Pensamentos*, trad. Sérgio Milliet, São Paulo, Abril Cultural, 1973, Coleção Os Pensadores, v. 16.]

respeito ao Cristo. Mas, a partir daí, as coisas divergem em relação a dois aspectos.

1. No que diz respeito a Paulo, é possível constatar uma completa ausência do tema da mediação. O Cristo não é uma mediação, não é por meio dele que *conhecemos* Deus. Jesus Cristo é o puro acontecimento e, enquanto tal, não é uma função, mesmo que se tratasse de uma função de conhecimento ou de revelação.

Existe aí um problema geral profundo: é possível conceber o acontecimento como uma função ou uma mediação? Essa questão atravessou, digamos de passagem, toda a época da política revolucionária. Para muitos de seus fiéis, a Revolução não é o que acontece, mas o que deve acontecer para que haja outra coisa, ela é a mediação do comunismo, o momento do negativo. Da mesma maneira, para Pascal, o Cristo é uma figura mediadora, para que não continuemos no abandono e na ignorância. Em compensação, para Paulo, assim como para aqueles que pensam que uma revolução é uma sequência autossuficiente da verdade política, o Cristo é uma *vinda*, é o que interrompe o regime anterior dos discursos. O Cristo é, em si e para si, *o que nos acontece*. E o que assim nos acontece? Somos libertados da lei. Ora, a ideia de mediação também está relacionada à lei, ela pactua com a sabedoria, com a filosofia. Essa questão é decisiva para Paulo, pois somente ao ser libertado da lei é que se torna realmente um filho. E um acontecimento é falsificado se ele não dá origem a um tornar-se filho universal. Por meio do acontecimento, entramos na igualdade filial. Para Paulo, o homem é ou escravo ou filho. Ele certamente teria considerado a ideia de Pascal sobre mediação como também ligada à legalidade do Pai e, portanto, como uma surda negação da radicalidade pertinente ao acontecimento.

2. É somente ao retroceder que Pascal admite que o discurso cristão é discurso da fraqueza, da loucura e do não ser. Paulo diz "loucura da predicação", Pascal traduz "conhecimento de nossa miséria". Esse não é um tema paulino, a miséria para Paulo é sempre uma sujeição à lei. É que a antifilosofia pascaliana é *clássica*, uma vez que ela permanece ligada às condições do conhecimento. Para Paulo, não se trata de uma questão de conhecimento, trata-se do acontecimento de um sujeito. Será que pode haver um outro sujeito, uma

outra via subjetiva diferente da que conhecemos e que Paulo denomina a via subjetiva da carne? Essa é a única questão que nenhum protocolo de conhecimento pode resolver.

Pascal, inteiramente voltado para sua proposta de convencer o libertino moderno, é povoado pela questão do conhecimento. Sua estratégia exige que se possa *provar* racionalmente a superioridade da religião cristã. Particularmente no que diz respeito à vinda do Cristo, é preciso estabelecer que o acontecimento cumpre as profecias, que o Novo Testamento permite o deciframento racional (por meio da doutrina do sentido manifesto e do sentido oculto) do Antigo Testamento. E que, reciprocamente, o Antigo tira sua coerência do que, nele, sinaliza para o Novo.

Paulo teria visto, na teoria pascaliana do signo e do duplo sentido, uma concessão inadmissível ao discurso judaico; assim como teria visto, na argumentação probabilística da aposta e nos raciocínios dialéticos sobre os dois infinitos, uma concessão inadmissível ao discurso filosófico; pois, para Paulo, o acontecimento não veio provar alguma coisa, ele é puro começo. A Ressurreição do Cristo não é nem um argumento, nem uma realização. Não há prova do acontecimento nem o acontecimento é uma prova. Para Pascal, o conhecimento vem do que, para Paulo, se tem apenas a fé. O resultado é que, para ele, diferentemente de Paulo, é importante equilibrar a "loucura" cristã por meio de um clássico dispositivo de sabedoria:

> Nossa religião é sábia e louca. Sábia porque ela é a mais erudita e a mais fundamentada em milagres, profecias etc. Louca porque não é tudo isso que faz com que dela sejamos; isso leva a condenar aqueles que dela não são, mas não a acreditar naqueles que dela são. O que os faz acreditarem é a cruz, *ne evacuata sit crux*. E assim São Paulo, que chegou com sabedoria e signos, diz que não veio nem com sabedoria nem com signos: pois veio para converter. Mas aqueles que vêm simplesmente para convencer podem dizer que vêm com sabedoria e signos.

Temos aí um perfeito exemplo, inteiramente não paulino, da técnica pascaliana. Nós a nomeamos: contradição equilibrada. Pascal opõe conversão e convicção. Para converter, é preciso sem dúvida o aspecto da loucura, a predicação da cruz. Mas, para convencer, é preciso estar

62 • São Paulo

no elemento da prova (milagres, profecias etc.). Para Pascal, Paulo dissimula sua verdadeira identidade. Ele age por meio de signos e sabedoria mas, como quer converter, ele declara que não.

Essa reconstrução pascaliana de Paulo indica de fato a reticência de Pascal diante do radicalismo paulino. Pois Paulo rejeita expressamente os signos, que pertencem à ordem do discurso judaico, assim como a sabedoria, que pertence ao discurso grego. Ele se apresenta como alguém que desenvolve uma imagem subjetiva subtraída dos dois. O que significa que nem os milagres, nem a exegese racional das profecias, nem a ordem do mundo têm valor quando se trata de instituir o sujeito cristão. Ora, para Pascal, milagres e profecias são o cerne da questão: "Não é possível pensar de maneira sensata contra os milagres"[2]; "A maior prova de Jesus Cristo são as profecias"[3]. Sem profecias nem milagres não teríamos nenhuma prova e a superioridade do cristianismo não poderia ser mantida diante do tribunal da razão, o que significa que não teríamos a menor chance de convencer o libertino moderno.

Em compensação, para Paulo, é precisamente a ausência de prova que obriga à fé, constitutiva do sujeito cristão.

Em se tratando das profecias, que o acontecimento-Cristo seja a realização delas é praticamente ausente de toda a pregação de Paulo. O Cristo é exatamente incalculável.

Em se tratando dos milagres, Paulo, com um objetivo político, não se arrisca a negar sua existência. Ele chega até a deixar subentendido que, como alguns de seus rivais taumaturgos, ele é capaz de fazê-los. Ele também poderia muito bem glorificar-se, se quisesse, de arrebatamentos sobrenaturais. Mas não é o que fará, exibindo, ao contrário, como a prova suprema a fraqueza do sujeito e a ausência de signos e provas. A passagem decisiva encontra-se em 2Cor. 12:

---

[2] Blaise Pascal, *Pensées*, fragment 815. [Em francês: "*Il n'est pas possible de croire raisonnablement contre les miracles*". Embora o cerne da questão desse fragmento seja acreditar ou não em milagres, optei pela acepção de *penser* do verbo *croire* para manter o termo "contra", que é parte fundamental do fragmento anterior (814), em que Pascal se refere à hesitação de Montaigne: "*Montaigne contre les miracles./ Montaigne pour les miracles*" – N. T.]

[3] Ibidem, fragment 706.

Teoria dos discursos • 63

É preciso glorificar-se... Isso não é bom. Eu o farei, no entanto, com visões e revelações do Senhor. Conheço um homem em Cristo, que há 14 anos foi arrebatado até o terceiro céu [...] e que ouviu palavras inefáveis que não são permitidas a um homem expressar [...]. Se eu quisesse me glorificar, não seria insensato, pois diria a verdade; mas me abstenho disso, a fim de que ninguém tenha a meu respeito uma opinião superior ao que vê em mim ou ao que ouve de mim. [...] O Senhor me disse: "Basta-te minha graça, pois minha força realiza-se na fraqueza". Eu me glorificarei então com mais boa vontade de minhas fraquezas, a fim de que a força de Cristo repouse em mim; pois quando sou fraco é que sou forte.

Vimos que, para Paulo, os milagres existem e lhes dizem respeito. Eles representam uma imagem subjetiva particular, a do homem "arrebatado" e, talvez, chamado durante sua vida para fora de seu corpo. Mas essa imagem não é exatamente aquela que o apóstolo propõe. O apóstolo deve ser responsável apenas pelo que os outros viram e ouviram, ou seja, sua declaração. Ele não deve glorificar sua pessoa em nome desse outro sujeito que dialogou com Deus e que é como um Outro em si mesmo ("eu me glorificarei de tal homem, mas de mim mesmo somente me glorificarei de minhas enfermidades"). O discurso cristão, inexoravelmente, não deve ser o do milagre, mas o da convicção que entranha numa fraqueza.

Observemos que, naquela passagem, indiretamente, Paulo indica um quarto discurso possível além do grego (sabedoria), do judaico (signos) e do cristão (declaração pertinente ao acontecimento). O discurso que Pascal tenta fazer nascer da razão clássica seria o do milagre e Paulo o nomeia: discurso subjetivo da glorificação. Trata-se do discurso do inefável, do discurso do não discurso. Trata-se do sujeito como intimidade mística e silenciosa, habitado pelas "palavras inefáveis" (ἄρρητα ῥήματα, que seria mais bem traduzido por "dizeres inomináveis") do sujeito miraculado. Mas essa quarta figura subjetiva, que refende o apóstolo, não deve entrar na declaração que, ao contrário, se alimenta evidentemente sem glória da fraqueza. Ela encontra-se em posição reservada e, diferentemente de Pascal, Paulo estava convencido de que o discurso cristão não ganha nada ao ser glorificado. O quarto discurso (miraculoso ou místico) deve permanecer *não pronunciado*; ou seja, ele não deveria entrar no campo da pregação. Por esse motivo Paulo é, finalmente, mais racionalista que Pascal: é inútil querer justificar uma postura declaratória por meio dos prestígios do milagre.

O quarto discurso continua sendo, para Paulo, um suplemento mudo, fechado na parte do Outro do sujeito. Ele não aceita que o discurso pronunciado, o da declaração e da fé, use como argumento um discurso não pronunciado, cuja substância é um dizer inominável.

Acredito que exista aí, para todo militante de uma verdade, uma recomendação importante. Jamais convém tentar legitimar uma declaração usando o recurso íntimo de uma comunicação miraculosa com a verdade. Deixemos a verdade a seu "sem-voz" subjetivo, pois somente o trabalho de sua declaração a constitui.

Denominarei "obscurantista" qualquer discurso pronunciado que pretenda apoiar-se num discurso não pronunciado. E é preciso deixar claro que Pascal, quando quer fundamentar a preeminência do cristianismo sobre os milagres, é mais obscurantista que Paulo, sem dúvida, porque quer mascarar o puro acontecimento por trás do fascínio (para o libertino) de um cálculo das probabilidades.

Evidentemente, há em Paulo uma certa astúcia, quando deixa entender, sem se prevalecer disso, mas sem também o omitir, que ele é internamente dividido entre o homem da glorificação (o sujeito "arrebatado") e o homem da declaração e da fraqueza. Mas, inegavelmente, há nele, nesse caso o único entre os apóstolos reconhecidos, uma dimensão ética antiobscurantista, pois Paulo condena que a declaração cristã use como argumento o inefável. Ele não tolera que o sujeito cristão baseie seu dizer no inominável.

Paulo está profundamente convencido de que não se restaurará a fraqueza por meio de uma força oculta. A força realiza-se na própria fraqueza. Digamos que a ética do discurso, para Paulo, é de jamais suturar o terceiro discurso (a declaração pública do acontecimento-Cristo) ao quarto (a glorificação do sujeito intimamente miraculado).

Essa ética é profundamente coerente. Supondo que, de fato, eu deduza (como Pascal) do quarto discurso ("alegria, lágrimas de alegria...") e, portanto, do dizer íntimo inominável, para legitimar o terceiro (o da fé cristã), *cairei inevitavelmente no segundo discurso*, o do signo, o discurso judaico. Pois o que é uma profecia, senão um signo do que virá? E o que é um milagre, senão um signo da transcendência do Verdadeiro? Ao conceder apenas um lugar reservado e inativo ao quarto discurso (a mística), Paulo impede que a novidade radical da declaração cristã caia na lógica dos signos e das provas.

Paulo mantém, com firmeza, o discurso militante da fraqueza. A declaração não tem outra força a não ser o que ela declara e não pretende convencer por meio dos prestígios do cálculo profético, da exceção miraculosa ou da inefável revelação interna. Não é a singularidade do sujeito que faz valer o que ele diz, é o que o sujeito diz que funda sua singularidade.

Em compensação, Pascal opta simultaneamente pela exegese convincente, pela certeza dos milagres e pelo sentido íntimo. Ele não pode renunciar à prova, no sentido existencial do termo, por ser um clássico e porque sua questão é a do sujeito cristão na época da ciência positiva.

A antifilosofia de Paulo não é clássica, pois ele assume que não há prova, sequer miraculosa. A força da convicção do discurso é de outra ordem e é capaz de quebrar a forma do raciocínio:

> Na verdade, as armas com as quais combatemos não são materiais, mas são poderosas, pela virtude de Deus, para demolir as fortalezas: por meio delas, demolimos os raciocínios e todo orgulho que se eleva contra o conhecimento de Deus e levamos todos os pensamentos cativos à obediência de Cristo. (2Cor. 10. 4-5)

É a esse regime do discurso sem prova, sem milagres, sem signos convincentes, a essa linguagem nua do acontecimento que, sozinha cativa o pensamento, que se adéqua a magnífica e célebre metáfora encontrada em 2Cor. 4. 7: "Mas carregamos esse tesouro em vasos de barro, para que uma força muito grande seja atribuída a Deus e não a nós".

O tesouro nada mais é do que o próprio acontecimento, ou seja, um ter-tido-lugar totalmente precário. É preciso carregá-lo com humildade, com uma precariedade a ele homogênea. O terceiro discurso deve se realizar na fraqueza, pois nela está sua força. Ele não será nem logos, nem signo, nem arrebatamento pelo inominável. Ele terá a rudeza pobre da ação pública, da declaração nua, sem qualquer outro prestígio a não ser o seu conteúdo real. Haverá apenas o que cada um pode ver e ouvir. É isso o vaso de barro.

Qualquer que seja o sujeito de uma verdade (amor, arte, ciência ou política) sabe-se que, de fato, ele carrega um tesouro, sabe-se que ele é entranhado por uma potência infinita. Depende apenas de sua fraqueza subjetiva a continuidade ou não do desenvolvimento dessa verdade tão precária. Poderíamos, então, dizer muito bem que ele a carregue somente num vaso de barro, suportando com paciência, dia após dia, com delicadeza e pensamento sutil, o imperativo de zelar para que nada o quebre. Pois, com o vaso e na dissipação em fumaça do tesouro que ele contém, é ele, o sujeito, o portador anônimo, o arauto que se quebra também.

5
A DIVISÃO DO SUJEITO

Que Paulo possa sustentar que, sob a condição do acontecimento-Cristo, houve preferência pelas coisas que não são sobre aquelas que são, indica de maneira exemplar que, para ele, o discurso cristão encontra-se em uma relação absolutamente nova com seu objeto. Trata-se exatamente de uma outra figura do real. Esta se desenvolve pela revelação de que o que constitui o sujeito, em sua relação com esse real inédito, não é sua unidade, mas sua divisão. Pois *um* sujeito é, na realidade, o entrelaçamento de *duas* vias subjetivas, que Paulo denomina a carne (σάρξ) e o espírito (πνεῦμα). E o real, por sua vez, na medida em que é, de alguma maneira, "apreendido" pelas duas vias que constituem o sujeito, declina-se sob dois nomes: a morte (θάνατος) ou a vida (ζοή). Uma vez que o real é o que se concebe num pensamento subjetivante, poderemos sustentar, trata-se de um aforismo difícil e central, que "τὸ γὰρ φρόνημα τῆς σαρκὸς θάνατος, τὸ δὲ φρόνημα τοῦ πνεύματος ζοὴ" (Rm. 8. 6), que, por mais difícil que seja identificar a morte como um pensamento, não é preciso hesitar em traduzir: "O pensamento da carne é morte, o pensamento do espírito é vida".

Após séculos de repetição platonizante (portanto, grega) dessa frase, quase se tornou impossível compreender um ponto que, no entanto, é fundamental: *a oposição do espírito e da carne não tem nada a ver com a da alma e do corpo.* É exatamente porque tanto uma quanto outra são pensamentos, que identificam seu real com nomes opostos. Se Paulo pode afirmar, evocando sua existência de perseguidor antes da conversão a caminho de Damasco, que "o mandamento que conduz à vida mostrou-se, para mim, conduzir à morte" (Rm. 7. 10) é porque uma máxima subjetiva é sempre considerada em dois sentidos possíveis, segundo a carne ou segundo o espírito, sem que nenhuma distinção substancial, de tipo grego (alma e corpo, pensamento e sensibilidade etc.), possa aqui servir para separar o entrelaçamento subjetivo. É da essência do sujeito cristão ser, por sua fidelidade ao acontecimento-Cristo, dividido em duas vias que afetam, pelo pensamento, todo sujeito.

A teoria da divisão subjetiva desqualifica o que os outros discursos identificam como seu próprio objeto. Ela é, à guisa do caráter de acontecimento do real, surreição de um *outro* objeto.

No discurso grego, o objeto é a totalidade cósmica finita como morada do pensamento. O real suscita o desejo (filosófico) de ocupar adequadamente o lugar distribuído, e cujo princípio pode ser reapreendido pelo pensamento. O que o pensamento identifica como propriamente real é um lugar, uma morada, que o sábio sabe ser preciso consentir.

Para Paulo, o acontecimento-Cristo, que tesoura e desfaz a totalidade cósmica, indica precisamente a insignificância dos lugares. O real mostra-se, sobretudo no momento em que o sujeito elucida sua fraqueza, como resíduo de qualquer lugar: "Até hoje somos como as sujeiras do mundo, a escória de todos os homens" (1Cor. 4. 13). Portanto, é preciso assumir a subjetividade do resíduo, e é diante dessa degradação que surge o objeto do discurso cristão.

Notaremos a consonância com alguns temas lacanianos relativos à ética do analista: este deve também, no fim da análise, para que o analisando suporte algum encontro com seu real, consentir em ocupar a posição do resíduo, modo pelo qual, como observa Lacan, ele se aproxima da santidade.

Para o discurso judaico, o objeto é o pertencimento ao povo eleito, aliança excepcional de Deus e seu povo. Todo o real é distinguido com o selo dessa aliança e é reunido e manifestado na observância da lei. O real é disposto a partir do mandamento. A exceção que o constitui somente é concebível na dimensão imemorial da Lei.

Para Paulo, o acontecimento-Cristo é heterogêneo à lei, puro excesso sobre toda prescrição, graça sem conceito nem rito apropriado.

A divisão do Sujeito • 69

Da mesma maneira que o real não é o que vem ou volta a seu lugar (discurso grego), ele não pode ser o que, a partir de uma exceção eletiva, se literaliza na pedra como lei intemporal (discurso judaico). A "loucura da predicação" vai nos dispensar da sabedoria grega por meio da desqualificação do regime dos lugares e da totalidade. Ela vai nos dispensar da lei judaica por meio da desqualificação das observâncias e dos ritos. O puro acontecimento não suporta nem o Todo natural nem o imperativo da letra.

No que diz respeito a quem considera que o real é puro acontecimento, os discursos grego e judaico deixam de servir, como o fazem ainda na obra de Lévinas, como paradigma de uma diferença essencial para o pensamento. O motor da convicção universalista de Paulo é: a diferença "étnica", ou cultural, cuja oposição entre o grego e o judaico é, em sua época e no Império, o protótipo, deixa de ser significativa em relação ao real ou ao novo objeto que organiza um novo discurso. Nenhum real distingue mais os dois primeiros discursos e sua diferença torna-se retórica. Como declara Paulo, desafiando a evidência: "Não há distinção entre o judeu e o grego" (Rm. 10. 12).

De modo mais geral, a partir do momento em que o real é identificado como acontecimento e dá início à divisão do sujeito, as figuras diferenciais no discurso são rescindidas, porque a posição do real que elas elucidam aparece, na retroação do acontecimento, como ilusória. E da mesma maneira, no que diz respeito ao sujeito dividido de acordo com as vias de apreensão do real, que são a carne e o espírito, os sujeitos "étnicos" induzidos pela lei judaica, assim como pela sabedoria grega, são desqualificados como pretensão de manutenção de um sujeito *pleno*, ou indiviso, de quem os predicados particulares poderíamos enumerar: a genealogia, a origem, o território, os ritos etc.

Declarar a não diferença entre o judeu e o grego estabelece a universalidade potencial do cristianismo; fundar o sujeito como divisão, e não como manutenção de uma tradição, adéqua o elemento subjetivo a essa universalidade, rescindindo o particularismo predicativo desses sujeitos culturais.

De fato, certamente o universalismo e, portanto, a existência de qualquer que seja a verdade, exige o abandono das diferenças estabelecidas e a elucidação de um sujeito dividido em si mesmo, pelo desafio que lhe impõe ter de enfrentar, simplesmente, o acontecimento que deixou de existir.

Toda a aposta é que um discurso que configure o real como puro acontecimento possa ter consistência. É possível? Paulo tenta tomar essa via.

Salientemos, mais uma vez, que ele somente pode fazê-lo uma vez que o acontecimento que ele supõe identificar o real *não é* real (pois a Ressurreição é uma fábula), abolindo a filosofia. É, sem dúvida, o que distingue Paulo dos antifilósofos contemporâneos, que circunscrevem o acontecimento-real à esfera das verdades efetivas: a "grande política" para Nietzsche, o ato analítico arquicientífico para Lacan, a estética mística para Wittgenstein. Consequentemente, a posição subjetiva de Paulo, no que diz respeito à filosofia, é muito mais abrupta que a disposição "terapêutica" dos modernos, que querem todos curar o pensamento da doença filosófica. A tese de Paulo não é que a filosofia é um erro, uma ilusão necessária, um fantasma etc., mas que não há mais lugar admissível para sua pretensão. O discurso da sabedoria é definitivamente obsoleto. Trata-se do que simboliza, por mais que ela seja cheia de truques, a narrativa nos *Atos dos Apóstolos* do encontro de Paulo com os filósofos gregos na ágora. Os filósofos teriam dado gargalhadas logo que o sermão de Paulo referiu-se ao único real que tem importância e que é a ressurreição. Esse riso nietzschiano, no sentido do Anticristo, é a expressão de uma disjunção e não de uma oposição. A frase disjuntiva é: "A loucura de Deus é mais sábia que os homens e a fraqueza de Deus é mais forte que os homens" (1Cor. 1. 25). A primazia da loucura sobre a sabedoria, da fraqueza sobre a força, organiza a dissipação da fórmula de dominação sem a qual a filosofia não pode existir. A partir de então, não é mais possível sequer discutir a filosofia, é preciso declarar sua perempção *efetiva*, ao mesmo tempo que a de qualquer figura de dominação.

Paulo não para de nos dizer que os judeus buscam signos e "reivindicam milagres", que os gregos "buscam a sabedoria" e colocam questões, e que os cristãos declaram o Cristo crucificado. Reivindicar – questionar – declarar: essas são as figuras verbais dos três discursos, suas posturas subjetivas.

A divisão do Sujeito • 71

Se alguém reivindica signos, aquele que os prodigaliza torna-se um mestre para quem os reivindica. Se alguém questiona filosoficamente, aquele que responde torna-se um mestre para o sujeito perplexo. Mas aquele que declara sem garantia profética nem miraculosa, sem argumentos nem provas, não entra na lógica do mestre. A declaração, de fato, não é afetada pelo vazio (da demanda) em que o mestre se encontra. Aquele que declara não atesta nenhuma falta e permanece subtraído de seu preenchimento pela figura do mestre. Por isso, lhe é possível ocupar o lugar do filho. Declarar um acontecimento é tornar-se o filho desse acontecimento. Que o Cristo seja Filho é emblemático do fato de que a declaração do acontecimento filia o declarante.

A filosofia só conhece discípulos. Mas um sujeito-filho é o contrário de um sujeito-discípulo, pois ele é aquele no qual a vida começa. Para tal começo, é preciso que Deus, o Pai, seja ele mesmo filiado, que ele tenha se revestido da figura do filho. É nessa adesão à figura do filho, expressa pela enigmática expressão do "envio", que o Pai faz com que nós mesmos advenhamos universalmente como filhos. O filho é aquele a quem não falta nada, pois ele é simplesmente começo. "Assim, tu não és escravo, mas filho, tu és também herdeiro, pela graça de Deus" (Gal. 4. 7).

O pai, sempre particular, retira-se por trás da evidência universal de seu filho. E é bem verdade que toda universalidade pós-acontecimento iguala os filhos na dissipação da particularidade dos pais. É por isso que toda verdade é marcada por uma indestrutível *juventude*.

Mais tarde, a teologia se dedicará a todos os tipos de contorções para estabelecer a identidade substancial do Pai e do Filho. Essas questões trinitárias de modo algum interessam a Paulo. A metáfora antifilosófica do "envio do filho" lhe satisfaz, pois ele tem necessidade apenas do acontecimento e recusa toda reinscrição filosófica dessa pura vinda no léxico filosófico da substância e da identidade.

O Filho ressuscitado filia a humanidade inteira. Isso constitui a inutilidade da figura do saber e de sua transmissão. Para Paulo, a figura do saber é ela própria uma figura de escravidão, exatamente como a da lei. A figura de dominação que a ela está ligada é, na realidade, uma impostura. É preciso destituir o mestre e fundar a igualdade dos filhos.

A expressão mais forte dessa igualdade, correlata necessária da universalidade, encontra-se em 1Cor. 3 e 1Cor. 9. Somos todos "θεοῦ συνεργοί", cooperários de Deus. Trata-se de uma máxima magnífica. No momento em que a figura do mestre enfraquece, conjuntamente enfraquece a do operário e da igualdade. Toda igualdade é a do copertencimento a uma obra. Certamente, aqueles que participam de um procedimento da verdade são cooperários de seu futuro. É o que designa a metáfora do filho: é filho aquele que um acontecimento liberta da lei e de tudo o que a ela se relaciona, em prol de uma obra igualitária comum.

No entanto, é preciso de fato voltar ao acontecimento, com o qual tudo está vinculado, particularmente os filhos, cooperários do projeto da Verdade. O que deve ser o acontecimento para que, sob o símbolo do filho universal, se emparelhem a universalidade e a igualdade?

Para Paulo, certamente o acontecimento não é a biografia, os ensinamentos, a coleção de milagres, os aforismos com duplo sentido de uma pessoa particular, ou seja, Jesus. A regra aplicável ao sujeito dividido cristão, que faz prevalecer o real ativo da declaração sobre a iluminação íntima, a fé impessoal nos êxitos particulares, vale para Jesus. Paulo, também nesse caso, não negará que o Filho teve uma comunicação interna com o divino, que foi habitado por um dizer inominável e que pôde rivalizar – em matéria de curas milagrosas, multiplicação dos pães, caminhada sobre as águas e outras proezas – com charlatões que abundavam nas províncias orientais do Império. Simplesmente, ele lembra, mesmo negligenciando de forma deliberada mencionar essas virtuosidades externas, que nada disso pode fundar uma nova era da Verdade. O que disse e fez a pessoa particular nomeada Jesus foi apenas o material contingente do qual o acontecimento apropria-se para um destino totalmente diferente. Nesse sentido, Jesus não é um mestre, nem um exemplo. Ele é o nome do que nos acontece universalmente.

Nietzsche, para quem Paulo se refere às narrativas evangélicas com "o cinismo de um rabino", viu perfeitamente a indiferença total do apóstolo à doçura de fatos curiosos dos quais essas narrativas estão repletas. Nesse caso, para Nietzsche, trata-se de uma falsificação deliberada, em que o ódio à vida e a fome de poder fluem livremente:

> A vida, por exemplo, o ensinamento, a morte, o sentido e a justificativa de todo o Evangelho – nada mais resta quando esse falsário, por ódio, incluiu somente o que servia a seus objetivos. Nada da realidade, nada da verdade histórica! [...] Paulo simplesmente transferiu o centro de gravidade de toda essa existência para após essa existência – na mentira de "Jesus ressuscitado". No fundo, ele fez da vida do Redentor apenas aquilo de que tinha necessidade – sua morte na cruz e alguma coisa a mais.[1]

Isso não é inexato. Como todo verdadeiro teórico da verdade, nós o vimos, Paulo não acredita que possa haver uma "verdade histórica" ou, sobretudo, ele não acredita que a verdade esteja relacionada à história, ao testemunho ou à memória. Nietzsche, aliás, também não acreditava nisso, pois sua doutrina genealógica não é de maneira alguma historiadora. E é verdade que a existência do Cristo, sem o motivo da ressurreição, não teria tido, aos olhos de Paulo, mais importância do que a de qualquer iluminado do Oriente na época, por mais talentoso que ele fosse.

Mas Nietzsche não foi muito preciso. Quando ele escreve que Paulo tinha necessidade apenas da morte do Cristo "e de alguma coisa a mais", deveria salientar que essa "alguma coisa" não é algo "além" da morte, que é, para Paulo, o único ponto real ao qual se liga seu pensamento. E que, portanto, se ele "transferiu o centro de gravidade de sua [do Cristo] existência para após essa existência", isso não se deu nem segundo a morte, nem segundo o ódio, mas segundo um princípio de sobre-existência a partir do qual a vida, a vida afirmativa, foi para todos restituída e refundada.

O próprio Nietzsche não quer "transferir o centro de gravidade" da vida dos homens de acordo com a efetiva decadência niilista

---

[1] Friedrich Wilhelm Nietzsche, *L'Antéchrist*, seção 42. [Ed. bras.: *O Anticristo* e *Ditirambos de Dionísio*, trad. Paulo César de Souza, São Paulo, Companhia das Letras, 2007, seção 42.]

deles? E, para essa operação, ele não tem necessidade de três temas associados dos quais Paulo é o inventor – a saber, a declaração subjetiva que se apoia apenas em si mesma (o personagem de Zaratustra), a história quebrada em duas (a "grande política") e o novo homem como fim da escravidão condenável e afirmação da vida (o super-homem)? Nietzsche não foi tão violento contra Paulo porque ele é seu rival, muito mais do que seu adversário. De modo que ele falsifica Paulo da mesma maneira, senão mais, que Paulo "falsificou" Jesus.

Dizer que Paulo colocou "o centro de gravidade da vida não na vida, mas no além-mundo – no Nada" e que o fazendo ele "priva da vida qualquer centro de gravidade"[2], significa ficar do lado oposto ao do ensinamento do apóstolo, para quem é aqui e agora que a vida faz sua revanche sobre a morte, é aqui e agora que podemos viver afirmativamente, segundo o espírito, e não negativamente, segundo a carne, que é pensamento da morte. A ressurreição é, para Paulo, aquilo a partir do que *o centro de gravidade da vida está na vida*, pois anteriormente, sendo colocado na Lei, ele organizava a subsunção da vida pela morte.

Na realidade, o fundo do problema é que Nietzsche alimenta um verdadeiro ódio ao universalismo. Nem sempre: esse santo louco é uma violenta contradição viva, uma quebra de si mesmo em dois. Mas quando se trata de Paulo, sim: "O veneno da doutrina dos direitos iguais para todos – foi o cristianismo que o espalhou mais sistematicamente". Em se tratando de Deus, Nietzsche preconiza o particularismo mais obstinado, o comunitarismo racial mais desenfreado: "Outrora, ele [Deus] representava um povo, a força de um povo, tudo o que havia de agressivo e de ávido de poder na alma de um povo. [...] Se os Deuses são a vontade de poder [...], eles serão Deuses nacionais"[3]. Nietzsche, permanecendo nesse ponto um "mitólogo" alemão (no sentido dado a esse termo por Lacoue-Labarthe), não perdoa Paulo, nem tanto por ter desejado o Nada e sim por nos ter desembaraçado desses "Deuses nacionais" sinistros e por ter feito teoria de um sujeito que, universalmente, como diz muito bem

---

[2]   Ibidem, 43.

[3]   Ibidem, 15.

Nietzsche – mas com desgosto – é "um rebelde contra tudo o que é privilegiado".

Aliás, ao mesmo tempo que Nietzsche cobra de Paulo a "verdade histórica", ele não parece situar, como convém, a pregação do apóstolo em relação à forma canônica das narrativas evangélicas. Ele não considera que essas narrativas, em que ele pretende decifrar a "psicologia do Redentor" (um Buda da decadência, um adepto da vida pacífica e vazia, o "último dos homens"), foram redigidas e organizadas bem depois que Paulo brutalmente se apropriou do único ponto supranumerário a essa edificação "budista": a ressurreição.

Ora, nada mais indispensável do que se imbuir constantemente da relação temporal entre os evangelhos sinópticos, para os quais o caso edificante é essencial, e as epístolas de Paulo, tensionadas do início ao fim pelo anúncio revolucionário de uma história espiritual quebrada em duas. Os evangelhos são, realmente, de vinte anos depois. A referência paulina não é da mesma espécie. O acontecimento não é um ensinamento, o Cristo não é um mestre, não poderia haver discípulos. Sim, Jesus é "senhor" ($\varkappa \acute{\upsilon} \rho \iota o \varsigma$) e Paulo é seu "servo" ($\delta o \tilde{\upsilon} \lambda o \varsigma$). Mas é que o acontecimento-Cristo estabelece, nos tempos que se seguem, a autoridade de uma nova via subjetiva. E que tenhamos de servir o processo de verdade não deve ser confundido com a escravidão, da qual precisamente, na medida em que nos tornamos todos filhos daquilo que nos aconteceu, saímos para sempre. A relação entre o senhor e o servo é absolutamente diferente da relação entre o mestre e o discípulo, assim como daquela entre o proprietário e o escravo. Não se trata de uma relação de dependência pessoal ou legal. Trata-se de uma comunidade de destino no momento em que temos de nos tornar uma "nova criatura". Por isso não temos de lembrar do Cristo, exceto que comanda esse destino e que é indiferente às particularidades da pessoa viva: Jesus ressuscitou, nada mais importa, de modo que Jesus é como uma variável anônima, um "qualquer" sem traços predicativos inteiramente absorvido por sua ressurreição.

O puro acontecimento é redutível a: Jesus morre na cruz e ressuscita. Esse acontecimento é "graça" ($\chi \acute{\alpha} \rho \iota \varsigma$). Portanto, não é um legado, nem uma tradição, nem uma predicação. Ele é supranumerário de tudo isso e apresenta-se como pura doação.

76 • São Paulo

Enquanto sujeitos à prova do real, somos a partir de então constituídos pela graça pertinente ao acontecimento. A fórmula capital, da qual é preciso salientar que é imediatamente um destino universal, é: "οὐ γάρ ἐστε ὑπὸ νόμον ἀλλὰ ὑπὸ χάρις", "pois vós não estais sob a lei, mas sob a graça" (Rm. 6. 14). Estruturação do sujeito de acordo com um "não... mas", sobre o qual é preciso entender que não é um estado, mas um devir. Pois "não estar sob a lei" aponta negativamente a via da carne como destino suspenso do sujeito, enquanto "estar sob a graça" indica a via do espírito como fidelidade ao acontecimento. O sujeito da nova época é um "não... mas". O acontecimento é, ao mesmo tempo, a suspensão da via da carne por um "não" problemático e a afirmação da via do espírito por um "mas" de excepcional. Lei e graça nomeiam, para o sujeito, o entrelaçamento constituinte que o relaciona à situação, tal como ela é, e aos efeitos do acontecimento, tais como eles devem se dar.

De fato, sustentaremos que uma ruptura provocada pelo acontecimento constitui sempre seu sujeito na forma dividida do "não... mas" e que *é precisamente essa forma que porta o universal*. Pois o "não" é dissolução potencial das particularidades fechadas (das quais "lei" é o nome), enquanto o "mas" indica a tarefa, o labor fiel, do qual os sujeitos do processo aberto pelo acontecimento (cujo nome é "graça") são os cooperários. O universal não se encontra nem do lado da carne, como legalidade convencionada e estado particular do mundo, nem do lado do espírito puro, como habitação íntima pela graça e pela verdade. O discurso judaico do rito e da lei é prejudicado pela superabundância do acontecimento, mas também é abolido o discurso arrogante da iluminação interior e do inominável. O segundo e o quarto discursos devem ser revogados, pois *unificam* o sujeito. O terceiro discurso é o único que mantém sua divisão como garantia da universalidade. Se o acontecimento pode entrar na constituição do sujeito que o declara é porque, nele, e sem fazer qualquer distinção da particularidade das pessoas, separam-se incessantemente as duas vias e distribui-se o "não... mas", que, num processo sem fim, descarta a lei para entrar na graça.

6
A ANTIDIALÉTICA DA MORTE
E DA RESSURREIÇÃO

Dissemos: o acontecimento é que Jesus, o Cristo, morreu na cruz e ressuscitou. Qual é a função da morte nesse caso? O pensamento de Paulo é, em última análise, como pensa Nietzsche, um paradigma mortífero, uma acontecimentalização do ódio à vida? Ou ainda: a concepção paulina do acontecimento é dialética? O caminho da afirmação é sempre o trabalho do negativo, de modo que "é a vida que sustenta a morte e se mantém nela, que é a vida do espírito"? Sabemos tudo o que a montagem hegeliana deve ao cristianismo e como a filosofia dialética incorpora o tema de um calvário do Absoluto. Então, a ressurreição é simplesmente a negação da negação, a morte é o tempo decisivo da saída-de-si do Infinito e existe uma função intrinsecamente redentora do sofrimento e do martírio; o que, cabe dizer, corresponde a um imaginário cristão onipresente há séculos.

Se o motivo da ressurreição é considerado na montagem dialética, é preciso admitir que o acontecimento, como doação supranumerária e graça incalculável, se dissolve num protocolo racional de autofundação e de desenvolvimento necessário. Não há dúvida de que a filosofia hegeliana, que é a extremidade racional do romantismo alemão, opera uma captura do acontecimento-Cristo. Nela, a graça torna-se um momento de autodesenvolvimento do Absoluto e o material da morte e do sofrimento é exigível para que a espiritualidade, exteriorizando-se na finitude, recolha-se em si mesma na intensidade experimentada da consciência de si.

Eu sustentaria que a posição de Paulo é antidialética e que, para ele, a morte não é, de maneira alguma, o exercício obrigatório

78 • São Paulo

da potência imanente do negativo. A graça, a partir de então, não é um "momento" do Absoluto. Ela é afirmação sem negação preliminar, ela é o que nos vem na cesura da lei. Ela é pura e simplesmente *encontro*.

Essa desdialetização do acontecimento-Cristo permite que se extraia do núcleo mitológico uma concepção formal inteiramente laicizada da graça. A questão é saber se uma existência qualquer encontra, rompendo com o ordinário cruel do tempo, a chance material de servir a uma verdade e tornar-se assim, na divisão subjetiva, indo além das obrigações de sobrevida do animal humano, um imortal.

Se Paulo nos ajuda a compreender a ligação entre a graça pertinente ao acontecimento e a universalidade da Verdade é para que possamos extrair o léxico da graça e do encontro de seu aprisionamento religioso. O fato de que o materialismo nada mais seja do que a ideologia de uma determinação do subjetivo pelo objetivo desqualificou filosoficamente Paulo; ou digamos que ele nos incumbe de fundar um materialismo da graça por meio da ideia, simples e forte, de que toda existência pode um dia ser transida pelo que lhe ocorre, e de dedicar, a partir de então, ao que vale para todos, ou, como diz Paulo de maneira magnífica, a "tornar-se tudo para todos" – "τοῖς πᾶσιν γέγονα πάντα" (1Cor. 9. 22).

Sim, beneficiamo-nos de algumas graças, para as quais de maneira alguma é necessário imaginar um Todo-Poderoso.

Para o próprio Paulo, que certamente mantém e exalta a maquinaria transcendente, o acontecimento não é a morte, é a ressurreição.

Indiquemos, nessa questão delicada, algumas referências.

O sofrimento não desempenha papel algum na apologética de Paulo, nem sequer no caso da morte do Cristo. O caráter fraco e abjeto dessa morte certamente é importante para ele, uma vez que o tesouro do acontecimento, dissemos porque, deve ser carregado em um vaso de barro. Mas que a força de uma verdade seja imanente ao que, para os discursos estabelecidos, é fraqueza ou loucura, para Paulo, implica simplesmente que exista uma função intrinsecamente redentora do sofrimento. O quinhão do sofrimento é inevitável, tal é a lei do mundo. Mas a esperança, garantida por uma aposta

A antidialética da morte e da ressurreição • 79

no acontecimento e no sujeito que se liga a ele, distribui o consolo como único real desse sofrimento, aqui e agora: "Nossa esperança em relação a vós é firme, porque sabemos que, se vós participais dos sofrimentos, vós participais também do consolo" (2Cor. 1. 6). Na verdade, a glória ligada ao pensamento das "coisas invisíveis" é incomensurável devido aos sofrimentos inevitáveis infligidos pelo mundo habitual: "Nossas leves aflições do momento presente produzem, para nós e para além de toda medida, um peso eterno de glória" (2Cor. 4. 17).

Quando Paulo fala de seus próprios sofrimentos, fala com uma lógica estritamente militante. Trata-se de convencer grupos dissidentes, ou atraídos pelos adversários, de que ele é exatamente o homem de ação ousado e altruísta que afirma ser. É particularmente o caso da segunda epístola aos coríntios, muito marcada pela inquietação política e em que Paulo alterna os enaltecimentos e as ameaças ("Eu vos peço, quando eu estiver presente, para não me obrigarem a recorrer com audácia a essa coragem, que me proponho a usar contra alguns", 2Cor. 10. 2). É então que, imbuída da tática da apologia e da rivalidade, vem a descrição das misérias do dirigente nômade:

> Muitas vezes com o risco de morrer, cinco vezes recebi dos judeus quarenta golpes menos um, três vezes me bateram com varas, uma vez fui apedrejado, três vezes naufraguei, passei um dia e uma noite no abismo. Frequentemente, em viagem, corri riscos nos rios, corri riscos diante de ladrões, corri riscos nas cidades, corri riscos nos desertos, corri riscos no mar, corri riscos entre os falsos irmãos. No trabalho e na aflição, fiquei exposto a inúmeras vigílias, à fome e à sede, a repetidos jejuns, ao frio e à nudez. (2Cor. 11. 23 e ss.)

Mas a conclusão desse fragmento biográfico, inteiramente destinado a confundir aqueles que, "ao se medirem por suas próprias medidas e ao se compararem a si mesmos não têm inteligência" (2Cor. 10. 12), não se orienta para nenhuma significação salvadora das atribulações do apóstolo. Trata-se ainda e sempre do vaso de barro, da importância pós-acontecimento da fraqueza, da destituição dos critérios mundanos da glória: "Se é preciso glorificar-se, é de minha fraqueza que me glorificarei" (2Cor. 11. 30).

80 • São Paulo

Apresentemos a fórmula: para Paulo, existe certamente a cruz, mas não existe o caminho da cruz. Existe o calvário, mas não a subida ao calvário. Enérgica e imperativa, a pregação de Paulo não inclui a menor propaganda masoquista por meio das virtudes do sofrimento, nenhum *pathos* da coroa de espinhos, do flagelo, do sangue que exsuda ou da esponja embebida de fel.

Voltemos agora à cruz.

Para Paulo, a morte não poderia ser a operação da salvação, pois ela está do lado da carne e da lei. Ela é, nós o vimos, configuração do real pela via subjetiva da carne. Ela não tem e não pode ter nenhuma função sagrada, nenhuma atribuição espiritual.

Para compreender sua função é preciso mais uma vez esquecer todo o dispositivo platônico da alma e do corpo, da sobrevida da alma ou de sua imortalidade. O pensamento de Paulo ignora esses parâmetros. A morte da qual ele nos fala, a do Cristo assim como a nossa, nada tem de biológica, aliás, da mesma maneira que a vida. Morte e vida são pensamentos, dimensões emaranhadas do sujeito global, em que "corpo" e "alma" são indiscerníveis (aliás, é exatamente porque a ressurreição, para Paulo, é obrigatoriamente ressurreição do corpo, ou seja, ressurreição do sujeito, dividido, *por inteiro*). Entendida como pensamento, como via subjetiva, como maneira de ser no mundo, a morte é essa parte do sujeito dividido que tem, ainda e sempre, de dizer "não" à carne e se mantém no vir a ser precário do "mas" do espírito.

A morte, que é o pensamento da (ou segundo a) carne não poderia ser constitutiva do acontecimento-Cristo. A morte é, por outro lado, um fenômeno adâmico. Ela foi propriamente *inventada* por Adão, o primeiro homem. Sobre essa questão, 1Cor. 15. 22 é de uma clareza perfeita: "Uma vez que a morte veio por um homem, foi também por um homem que veio a ressurreição dos mortos. E como todos morrem como Adão, da mesma maneira todos reviverão como Cristo". A morte é tão antiga quanto a escolha, pelo primeiro homem, de uma liberdade rebelde. O que torna o acontecimento no Cristo é exclusivamente a ressurreição, essa ἀνάστασις νεκρῶν, que deveria ser traduzida por *levante* dos mortos, sua sublevação, que é sublevação da vida.

A antidialética da morte e da ressurreição • 81

Por que consequentemente o Cristo deve morrer, e com que objetivos Paulo desenvolve o símbolo da cruz?

No texto anterior, é preciso prestar atenção nisso, somente a ressurreição de um homem pode de alguma maneira estar de acordo com, ou se situar no mesmo plano que, a invenção, pelo homem, da morte. O Cristo inventa a vida, mas somente pode fazê-lo enquanto é, como o inventor da morte, um homem, um pensamento, uma existência. No fundo, Adão e Jesus, o primeiro Adão e o segundo Adão, encarnam na escala do destino da humanidade o entrelaçamento subjetivo que compõe, como divisão constitutiva, qualquer que seja o sujeito singular. O Cristo morre simplesmente para atestar que é um homem que, capaz de inventar a morte, o é também de inventar a vida. Ou: o Cristo morre para que, considerado também na invenção humana da morte, manifeste que é desse mesmo ponto (do qual a humanidade é capaz) que ele inventa a vida.

Em suma, a morte somente é requerida na medida em que, com o Cristo, a intervenção divina deve, de acordo com seu próprio princípio, igualar-se estritamente à humanidade do homem e, portanto, ao pensamento que o domina e que tem nome, como sujeito, "carne" e, como objeto, "morte". Quando o Cristo morre, nós, os homens, deixamos de ser separados de Deus, uma vez que com o envio de seu Filho, filiando-se, ele entra no mais íntimo de nossa composição pensante.

Essa é a única necessidade da morte do Cristo: ela é o meio de uma igualdade com o próprio Deus. Por esse pensamento da carne, cujo real é a morte, nos é concedido como graça o fato de estar no mesmo elemento que o próprio Deus. A morte do Cristo é *a montagem de uma imanentização do espírito*.

Paulo tem perfeita consciência de que a manutenção de uma transcendência radical do Pai não permite nem o acontecimento, nem a ruptura com a ordem legal, pois somente pode ocupar o abismo que nos separa de Deus a imobilidade mortífera da Lei, esse "mistério da morte, gravado com letras nas pedras" (2Cor. 3. 7).

Paulo estabelece (em Rm. 6. 4 e ss.) que uma doutrina do real como acontecimento tem condições de imanência e que somente podemos compor com a morte na medida em que Deus compõe com ela, maneira pela qual a operação da morte constrói o lugar de nossa igualdade divina *na própria humanidade.*

> Nós fomos, então, sepultados com ele, pelo batismo, em sua morte, para que, como Cristo ressuscitou dos mortos pela glória do Pai, nós também vivamos uma vida nova. Pois, se nos tornamos um com ele por uma morte semelhante à sua, nós o seremos também por uma mesma ressurreição, sabendo muito bem que nosso velho homem foi crucificado com ele, para que esse corpo submetido ao pecado seja destruído e que nós não mais sejamos submetidos ao pecado. Pois aquele que morre é liberado do pecado.
>
> Ora, se morremos com Cristo, cremos que viveremos também com ele, pois sabemos que Cristo, ressuscitado dos mortos, não morre mais.

O texto é categórico: a morte, enquanto tal, não serve para nada na operação da salvação. Ela age como condição de imanência. Nós nos tornamos semelhantes ao Cristo na medida em que ele se torna semelhante a nós. A cruz (fomos crucificados com o Cristo) é o símbolo dessa identidade. E essa semelhança é possível porque a morte não é um fato biológico, mas um pensamento da carne, de que um dos nomes, muito complexo e sobre o qual voltaremos, é "pecado". Paulo denomina essa imanentização uma "reconciliação" (καταλλαγη): "Pois se, quando éramos os inimigos de Deus, fomos reconciliados com ele por meio da morte de seu Filho, estando reconciliados, muito mais salvos seremos por sua vida!" (Rm. 5. 10).

É fundamental não confundir καταλλαγή, a reconciliação, que é a operação da morte, e σωτηρία, a salvação, que é a operação pertinente ao acontecimento da ressurreição. A primeira imanentiza as condições da segunda, sem, no entanto, torná-la necessária. Pela morte do Cristo, Deus renuncia à sua separação transcendente, ele se insepara por meio da filiação e compartilha uma dimensão constitutiva do sujeito humano dividido. Fazendo isso, ele não cria o acontecimento, mas o que eu chamo seu local. O local pertinente ao acontecimento é esse dado imanente a uma situação que entra na composição do próprio acontecimento e faz com que ele

A antidialética da morte e da ressurreição • 83

seja destinado a *essa* situação singular e não a uma outra. A morte é construção do local pertinente ao acontecimento, uma vez que ela faz com que a ressurreição (que, de maneira alguma, dela se infere) *seja* destinada aos homens, à sua situação subjetiva. A reconciliação é dado do local, indicação virtual e por si mesma inativa, já que a ressurreição do Cristo é invenção de uma nova vida *pelo homem*. Somente a ressurreição é dado do acontecimento, que mobiliza o local, e cuja operação é a salvação.

Em última análise, compreender a relação entre καταλλαγή e σωτηρία, que é também a relação entre morte e vida, é compreender que, para Paulo, existe uma completa disjunção entre a morte do Cristo e sua ressurreição. Pois a morte é uma operação na situação, uma operação que imanentiza o local pertinente ao acontecimento e, no entanto, a ressurreição é o próprio acontecimento. Por isso, o argumento de Paulo é estranho a toda dialética. A ressurreição não é nem uma substituição, nem uma superação da morte. São duas funções distintas, cuja articulação não é, de modo algum, necessária, pois pelo fato de existir um local pertinente ao acontecimento jamais se deduz o surgimento do acontecimento. Se esse surgir exige condições de imanência, ele é da ordem da graça.

Por isso Nietzsche perde-se totalmente quando considera Paulo o sacerdote típico, o poder consagrado ao ódio e à vida. Conhecemos a diatribe:

> É então que chega São Paulo... Paulo, o ódio tchandala feito carne, feito gênio, ódio contra Roma, contra "o mundo"; Paulo, o judeu, o eterno judeu errante por excelência! [...] Eis como foi seu caminho a Damasco: ele compreendeu que tinha necessidade da fé na imortalidade para desvalorizar o "mundo", que a noção de "inferno" acabaria conquistando Roma e que, graças ao "além-mundo", pode-se matar a vida... "Cristianismo" e "niilismo": isso rima – não sem razão.[1]

Nada nesse texto é apropriado. Já falamos bastante disso para compreender que a "fé na imortalidade" não é a preocupação de

---

[1] Friedrich Wilhelm Nietzsche, *L'Antéchrist*, 58. [Ed. bras.: *O Anticristo e Ditirambos de Dionísio*, trad. Paulo César de Souza, São Paulo, Companhia das Letras, 2007, seção 58.]

Paulo, que quer, sobretudo, o triunfo da afirmação sobre a negação, da vida sobre a morte, do novo homem (super-homem?) sobre o velho homem; que o ódio contra Roma é uma invenção de Nietzsche, tratando-se de um homem particularmente orgulhoso por ser cidadão romano; que o "mundo" que Paulo declara ter sido crucificado com Jesus é o cosmos grego, a boa totalidade que distribui lugares e impõe ao pensamento o consentimento a esses lugares; que se trata, então, de abrir aos direitos vitais do infinito e do acontecimento não totalizável; que, na predicação de Paulo, não há nenhuma menção ao inferno; que uma característica de seu estilo é jamais apelar para o medo e sempre para a coragem; e, enfim, que "matar a vida" certamente não é o desejo daquele que pergunta com uma espécie de alegria selvagem: "Morte, onde está tua vitória?". Matar a morte resumiria melhor o projeto de Paulo...

Aquele que reivindicava a expressão dionisíaca, que, como Paulo, pensava quebrar em duas a história do mundo e substituir em toda parte o "não" do niilismo pelo "sim" da vida estaria mais inspirado se citasse essa passagem:

> O Filho de Deus, Jesus Cristo, que vos anunciamos – eu, Silvano e Timóteo –, não foi "sim e não" ao mesmo tempo, mas nele existe somente "sim". [2Cor. 1. 19]

Paulo é isso, e não o culto da morte: a fundação de um "sim" universal.

E, assim, aquele que desejava que, acima do bem e do mal, acima dos ritos e dos sacerdotes, surgisse o novo homem, a super-humanidade de que a humanidade é capaz, poderia ter apelado para o testemunho de Paulo a seu favor, esse Paulo que declara num tom muito nietzschiano: "O que importa não é a circuncisão nem a incircuncisão, é ser uma nova criatura" (Gl. 6. 15).

Muito mais do que se opor a Paulo, Nietzsche rivaliza com ele. O mesmo desejo de abrir uma outra época da história da humanidade, a mesma convicção de que o homem pode e deve ser superado, a mesma certeza de que é preciso acabar com sua culpabilidade e com a lei. O que Paulo proclama não é semelhante ao que pensa Nietzsche? "Se o ministério da condenação foi glorioso, o minis-

A antidialética da morte e da ressurreição • 85

tério da justiça é muito superior em matéria de glória" (2Cor. 3. 9).
A mesma mistura, às vezes brutal, de veemência e de santa doçura. A
mesma suscetibilidade. A mesma garantia relativa a uma eleição
pessoal. Ao Paulo que sabe ter sido "colocado à parte para anunciar
o Evangelho" (Rm. 1. 1) corresponde o Nietzsche que expõe as razões pelas quais ele é "um destino". E, enfim, a mesma universalidade do endereço, a mesma errância planetária. Para fundar a
grande política (e até mesmo, diz ele, a "muito grande"), Nietzsche
interroga-se sobre as possibilidades de todos os povos, declara-se
polonês, quer se aliar aos judeus, escreve a Bismarck... E Paulo, para não ser prisioneiro de nenhum grupo local, de nenhuma seita
provincial, viaja de maneira ideal por todo o Império e responde
aos que querem fixá-lo: "Eu devo me consagrar aos gregos e aos
bárbaros, aos sábios e aos ignorantes" (Rm. 1. 14).

Ambos levaram a antifilosofia a um ponto em que não se trata
mais de uma "crítica", até mesmo radical, de mesquinharias e capri-
chos do filósofo ou do metafísico. Trata-se de uma questão muito
séria: trazer como acontecimento a afirmação integral da vida contra
o reino do negativo e da morte. Seja Paulo ou Zaratustra, ser quem
antecipa sem enfraquecer o momento em que "a morte foi devorada
na vitória" (1Cor. 15. 54).

Se, desse ponto de vista, ele está próximo de Nietzsche, Paulo
não é evidentemente o dialético que, às vezes, se supõe. Não se trata
de negar a morte conservando-a, trata-se de devorá-la, de aboli-la. E
Paulo também não é, como o primeiro Heidegger, um doutrinário
do ser-para-a-morte e da finitude. No sujeito dividido, a parte do
ser-para-a-morte é aquela que ainda diz "não", aquela que não quer
se deixar levar pelo "mas" excepcional da graça, do acontecimento,
da vida.

Definitivamente, para Paulo, o acontecimento-Cristo é somente
a ressurreição. Ele erradica a negatividade e, se a morte é requerida,
nós o dissemos, para a construção de seu local, mantém uma operação afirmativa irredutível à própria morte.

O Cristo foi tirado "ἐκ νεκρῶν" para fora dos mortos. Essa extração do local mortal estabelece um ponto em que a morte perde
poder. Extração, subtração, mas não negação:

> Ora, se morremos com Cristo, acreditamos que viveremos também com ele, pois sabemos que Cristo, ressuscitado dos mortos, não morre mais: a morte não tem mais império sobre ele. (Rm. 6. 9)

A morte, como local humano do Filho, é para a prova pertinente ao acontecimento da ressurreição, apenas um impoder. A ressurreição surge *fora* do poder da morte e não por sua negação.

Poderíamos dizer: o acontecimento-Cristo, que tivera aquele filho, fora do poder da morte, identifica retroativamente a morte como uma via, uma dimensão do sujeito, e não como um estado de coisas. A morte não é um destino, mas uma escolha, como nos mostra ser possível, na subtração da morte, nos ser proposta a escolha da vida. E, portanto, rigorosamente, não há ser-para-a-morte, existe sempre apenas uma via da morte, que entra na composição dividida de todo sujeito.

Se a ressurreição é subtração afirmativa da via da morte, trata-se de compreender por que esse acontecimento, radicalmente singular, funda aos olhos de Paulo um universalismo. O que é que nessa ressurreição, nesse "fora dos mortos", tem o poder de suprimir as diferenças? Por que do fato de um homem ter ressuscitado segue-se que não haja nem grego nem judeu, nem macho nem fêmea, nem escravo nem homem livre?

O ressuscitado é o que nos filia e se inclui na dimensão genérica do filho. É essencial lembrar que, para Paulo, o Cristo não é idêntico a Deus, que a predicação não se apoia em nenhuma teologia trinitária ou substancialista. Inteiramente fiel ao puro acontecimento, Paulo contenta-se com a metáfora do "envio do filho". E, consequentemente, para Paulo, não é o infinito que é morto na cruz. Certamente, a construção do local pertinente ao acontecimento exige que o filho que nos foi enviado, resilindo o abismo da transcendência, seja imanente à via da carne, à morte, a todas as dimensões do sujeito humano. De maneira alguma, o resultado disso é que o Cristo seja um Deus encarnado, ou que seja necessário pensá-lo como devir-finito do infinito. *O pensamento de Paulo dissolve a encarnação na ressurreição.*

No entanto, ainda que a ressurreição não seja o "calvário do absoluto", ainda que ela não ative nenhuma dialética da encarnação do

Espírito, é verdade que ela acaba com as diferenças em benefício de um universalismo radical, e que o acontecimento se destina a todos sem exceção, ou divide definitivamente qualquer sujeito. Trata-se exatamente do que é, no mundo romano, uma invenção fulgurante. Ela somente se esclarece escrutando os nomes da morte e os nomes da vida. Ora, o primeiro dos nomes da morte é: Lei.

7

PAULO CONTRA A LEI

Dois enunciados parecem comumente concentrar, metonímia delicada, o ensinamento de Paulo:

1. O que nos salva é a fé, e não as obras.
2. Não estamos mais sob a lei, mas sob a graça.

Haveria então quatro conceitos para dispor as escolhas fundamentais de um sujeito: πίστις (a fé) e ἔργον (a obra); χάρις (a graça) e νόμος (a lei). A via subjetiva da carne (σάρξ), cujo real é a morte, organiza o conjunto da lei e das obras. Enquanto a via do espírito (πνεῦμα), cujo real é a vida, organiza o da graça e da fé. Entre as duas, o novo objeto real, dado pertinente ao acontecimento, atravessa a "redenção que está em Jesus Cristo", passando "διὰ τῆς ἀπολυτρώσεως τῆς ἐν Χριστῷ Ἰεσοῦ" (Rom. 3. 24).

Porém, de onde procede que é necessário renegar a lei no que diz respeito à morte? É que, considerada em sua particularidade, ou seja, as obras que ela prescreve, ela cria uma barreira para que o destino universal da graça seja subjetivado como convicção pura ou fé. A lei "objetiva" a salvação e proíbe que ela seja atribuída à gratuidade do acontecimento-Cristo. Em Rm. 3. 27 e ss., Paulo indica claramente o que está em questão, que é exatamente a ligação essencial entre acontecimento e universalidade, por tratar-se do Um, ou mais simplesmente, de *uma* verdade:

> Onde está, então, o motivo da glória? Ele é excluído. Por qual lei? A das obras? Não, pela lei da fé; pois acreditamos que o homem é justificado pela fé, sem as obras da Lei. Ou Deus é somente o Deus dos judeus?

Não é também o Deus dos pagãos? Sim, ele é também dos pagãos, pois há um único Deus, que justificará pela fé os circuncidados e igualmente por meio da fé os incircuncidados.

A questão fundamental é saber o que significa exatamente que haja um único Deus. O que quer dizer "mono" no "monoteísmo"? Paulo enfrenta, renovando os termos, a temerosa questão do Um. Sua convicção, propriamente revolucionária, *é que o signo do Um é o "para todos" ou o "sem exceção"*. Que haja um só Deus deve ser compreendido não como uma especulação filosófica sobre a substância, ou sobre o ser supremo, mas a partir de uma estrutura de destinação. O Um é o que não inscreve nenhuma diferença nos sujeitos aos quais ele se dirige. Esta é a máxima da universalidade, quando sua raiz é pertinente ao acontecimento: somente há Um, assim como ele é para todos. O monoteísmo somente é compreendido quando se leva em consideração toda a humanidade. Não dirigido a todos, o Um se decompõe e se ausenta.

Ora, para Paulo, a lei designa sempre uma particularidade, portanto uma diferença. Ela não é uma operação possível do Um, pois ela destina seu "Um" falacioso somente àqueles que reconhecem e praticam as injunções que ela enumera.

A subestrutura ontológica dessa convicção (mas a ontologia não interessa a Paulo de maneira alguma) é que não há Um pertinente ao acontecimento que possa ser o Um de uma particularidade. O único correlato possível do Um é o universal. O dispositivo geral de uma verdade contém o Um (na fábula paulina, a transcendência divina, o monoteísmo), o universal (toda a humanidade, os circuncidados e os incircuncidados) e o singular (o acontecimento-Cristo). O particular não pode ser inserido aí, ele pertence à esfera da opinião, do costume, da lei.

O que pode corresponder à universalidade de uma destinação? De qualquer maneira, não é a legalidade. A lei é sempre predicativa, particular e parcial. Paulo tem perfeita consciência do caráter sempre estatal da lei. Entendamos por "estatal" o que enumera, nomeia e controla as partes de uma situação. Para que uma verdade surja com o acontecimento ela exige estar sem número, sem predicado, incontrolada. É precisamente o que Paulo denomina a graça: o que ocorre sem se basear em algum predicado, o que é translegal, o que acontece a todos sem razão determinada. A graça é o contrário da lei, uma vez que aquela é o que vem *sem ser devido*.

Há, nesse caso, uma intuição profunda de Paulo, que desfaz, por sua compreensão universal e ilegal do Um, qualquer incorporação particular, ou comunitária, do sujeito, como também qualquer abordagem jurídica ou contratual de sua divisão constitutiva. *O que fundamenta um sujeito não pode ser o que lhe é devido*; pois essa fundação liga-se ao que é declarado em uma contingência radical. Não há, no sentido estrito, se concebermos que a humanidade do homem é sua capacidade subjetiva, nenhuma espécie de "direito" do homem.

A polêmica contra o "o que é devido", contra a lógica do direito e do dever é o cerne da não aceitação paulina das obras e da lei: "Aquele que faz uma obra recebe seu salário não como uma graça, mas como uma coisa devida" (Rm. 4. 4). Mas, para Paulo, nada é devido. A salvação do sujeito não poderia ter a forma de uma recompensa ou de um salário. A subjetividade da fé não é salarial (o que permite, em última análise, que a declaremos comunista). Ela depende de um dom concedido, χάρισμα. Todo sujeito inicia-se por um carisma, todo sujeito é carismático. Uma vez que o ponto da subjetividade não é a obra que demanda salário ou recompensa, mas a declaração do acontecimento, o sujeito declarante existe de acordo com o carisma que lhe é próprio. Toda subjetividade afronta sua divisão no elemento de uma essencial gratuidade de sua proposta. A operação redentora é o advento de um carisma.

Em Paulo, existe uma ligação fundamental entre universalismo e carisma, entre o poder da destinação universal do Um e a absoluta gratuidade da militância. Assim, ele diz em Rm. 3. 23-24: "Não há distinção [διαστολή, que significa 'diferença']: pois todos pecaram e foram privados da glória de Deus, e foram justificados gratuitamente (δωρεάν) por sua graça, por meio da redenção realizada em Jesus Cristo".

Δωρεάν é uma palavra forte, quer dizer "por puro dom", "sem motivo" e até mesmo "em vão". Entre o "para todos" do universal e o "sem motivo" há, para Paulo, uma ligação essencial. Não há

92 • São Paulo

destinação para todos a não ser no regime sem motivo. Não é destinável a todos a não ser o que é absolutamente gratuito. Somente o carisma e a graça estão à altura de um problema universal.

O sujeito constituído pelo carisma na prática gratuita do destinado a todos sustenta necessariamente que não há diferenças. Somente o que é carismático, portanto, absolutamente sem motivo, detém essa potência de excesso sobre a lei que faz caírem as diferenças estabelecidas.

Essa é a raiz do famoso tema paulino concernente à "superabundância" da graça. A lei comanda uma multiplicidade mundana predicativa, dá a cada parte do todo o que lhe é devido. A graça pertinente ao acontecimento comanda uma multiplicidade excessiva sobre si mesma, não descritível, que superabunda em relação a si própria, assim como em relação às distribuições fixas da lei.

A tese ontológica subjacente é que o universalismo supõe que se possa pensar o múltiplo não como parte, mas como excesso sobre si, como fora de lugar, como nomadismo da gratuidade. Se compreendermos por "pecado" o exercício subjetivo da morte como via de existência e, portanto, o culto legal da particularidade, logo compreendemos que o que se sustenta do acontecimento (portanto, uma verdade, qualquer que seja ela) é sempre excessivo impredicável sobre tudo o que o "pecado" circunscreve. É exatamente o que diz o famoso texto de Rm. 5. 20-21:

> Ora, a Lei interveio, para que a falta abundasse; mas lá onde o pecado abundou, a graça superabundou, para que, assim como o pecado reinou gerando a morte, a graça abundasse por meio da justiça para dar a vida eterna mediante Jesus Cristo, nosso Senhor.

As duas vias subjetivas, morte e vida, cuja não relação constitui o sujeito dividido, são também dois tipos de multiplicidade:

1. A multiplicidade particularizante, aquela adaptada ao seu próprio limite, marcada pelo predicado do seu limite. A lei é o seu número ou a sua letra.

2. A multiplicidade que, excedendo-se a si própria, sustenta a universalidade. O excesso sobre si impede que se represente essa multiplicidade como totalidade. A superabundância não pode se

referir a nenhum Todo. Exatamente porque ela permite o abandono da diferença, abandono que é o próprio processo do excesso.

O que é denominado "graça" é a capacidade de uma multiplicidade pós-acontecimento exceder seu próprio limite, o qual tem como número morto um mandamento da lei. A oposição graça/lei restabelece duas doutrinas do múltiplo.

Falta compreender por que o motivo subjetivo associado à lei é o do pecado. Temos aí uma chicana de extrema complexidade. No entanto, é ela que leva à composição subjetiva que "lei" seja a partir de então um dos nomes da morte.

De fato, trata-se do desejo (ἐπιθυμία), que não há nenhuma razão para traduzir aqui por uma "concupiscência" que sugira por demais o confessionário. Para chegar à "nova vida" do sujeito, é preciso ter a mais profunda compreensão das relações entre desejo, lei, morte e vida.

A tese fundamental de Paulo é que a lei, e somente ela, dota o desejo de uma autonomia suficiente para que o sujeito desse desejo, relativo a essa autonomia, venha ocupar o lugar do morto.

A lei é que dá vida ao desejo. Mas, ao fazê-lo, ela obriga o sujeito a não mais pegar outra via a não ser a da morte.

O que é exatamente o pecado? Não é o desejo enquanto tal, pois se assim fosse não seria possível compreender que ele esteja ligado à lei e à morte. *O pecado é a vida do desejo como autonomia, como automatismo.* A lei é requerida para que se liberte a vida automática do desejo, o automatismo da repetição, pois somente a lei *fixa* o objeto do desejo e nela o acorrenta, qualquer que seja a "vontade" do sujeito. É esse automatismo objetal do desejo, impensável sem a lei, que dá ao sujeito a via carnal da morte.

Vê-se bem que o que está em jogo aí é nada menos que o problema do inconsciente (Paulo o denomina o involuntário, o que eu não quero, "ὃ οὐ θέλω"). A vida do desejo fixada e libertada pela lei é o que, descentrada do sujeito, se realiza como automatismo inconsciente, em relação ao qual o sujeito involuntário não é mais capaz de inventar senão a morte.

A lei é o que livra o sujeito de sua autonomia repetitiva designando-lhe seu objeto. O desejo conquista, então, seu automatismo

94 • São Paulo

sob a forma de uma transgressão. Como compreender a "transgressão"? Existe transgressão quando o que a lei proíbe, ou seja, nomeia negativamente, torna-se o objeto de um desejo que vive por si só em nome do sujeito. Esse entrecruzamento do imperativo, do desejo e da morte subjetiva é assim condensado por Paulo: "Pois o pecado, tendo aproveitado a ocasião, seduziu-me pelo próprio mandamento e, por meio dele, me matou" (Rm. 7. 11).

Não seria possível imaginar resolução mais antikantiana do que aquela que, nomeando "pecado" a autonomia do desejo quando seu objeto é apontado pelo mandamento da lei, designa seu efeito como chegada do sujeito ao lugar do morto.

Até aqui, antecipamos. Mas tudo está detalhado em Rm. 7. 7-23, talvez o texto mais famoso de Paulo, mas também o mais intricado, que cito inteiro antes de retomar sua elucidação.

O que diremos, então? A Lei é uma potencialidade de pecado? Certamente, não! Mas eu somente conheci o pecado por meio da Lei; pois eu jamais teria conhecido o desejo, se a Lei não tivesse dito: "Não cobiçarás!" (Êxodo, 20. 17). Foi o pecado que, tendo aproveitado a ocasião, produziu em mim, por meio do mandamento, todos os tipos de desejo; pois, sem a Lei, o pecado morre. Outrora, eu era sem Lei e eu vivia, mas quando veio o mandamento, o pecado reviveu e eu morri – de modo que se confirmou que o mandamento que deveria me dar a vida, me levou à morte. Pois o pecado, tendo aproveitado a ocasião, seduziu-me pelo próprio mandamento e, por meio dele, me matou. Assim, a Lei é santa e o mandamento é santo, justo e bom.

O que é bom tornou-se, portanto, para mim uma causa de morte? Certamente, não! Mas o pecado, para comprovar bem o que ele é, serviu-se de uma coisa em si boa, a fim de me dar a morte. Assim, por meio do mandamento, o pecado apareceu com toda sua gravidade.

De fato, sabemos que a Lei é espiritual; mas eu, eu sou carnal, vendido ao pecado e reduzido à sua escravidão. Pois não compreendo o que faço: não faço o que quero, mas faço o que odeio. Ora, se faço o que não quero, reconheço por isso que a Lei é boa. E então não sou mais eu que ajo assim, mas o pecado que habita em mim. Na verdade, sei que o que é bom não habita em mim, ou seja, em minha carne, porque tenho vontade de fazer o bem, mas não tenho o poder de realizá-lo; pois não faço o bem que quero, mas faço o mal que não quero. Se faço o que não quero, não sou mais eu que ajo assim, mas o pecado que habita em mim.

Descubro então em mim esta lei: quando quero fazer o bem, o mal está fixado em mim. Pois, em meu ser íntimo, sinto prazer com a lei de Deus; mas vejo em meus membros uma outra lei que luta contra a lei de meu entendimento e que me torna cativo da lei do pecado, que se encontra em meus membros.

Todo o pensamento de Paulo visa, aqui, a uma teoria do inconsciente subjetivo, estruturada pela oposição vida/morte. A proibição pela lei é o meio pelo qual o desejo do objeto pode se realizar "involuntariamente", de forma inconsciente, ou seja, como vida do pecado; é meio pelo qual o sujeito, descentrado desse desejo, passa para o lado da morte.

Para Paulo, o que importa é que essa experiência (ele fala dele, é evidente, quase no estilo das *Confissões*[*] de Santo Agostinho) faz aparecer uma situação singular em que, sob condição da lei, se o sujeito está do lado da morte, *a vida está do lado do pecado.*

Para que o sujeito passe para uma outra situação, em que ele fique do lado da vida e em que o pecado, ou seja, o automatismo da repetição ocupe o lugar do morto, é preciso romper com a lei. Essa é a conclusão implacável de Paulo.

Como se organiza o sujeito de uma verdade universal, a partir do momento em que a lei não pode sustentar sua divisão? A ressurreição convoca o sujeito a se identificar como tal com o nome de fé (πίστις). O que quer dizer: independentemente dos resultados, ou das formas prescritas, que serão chamadas de obras. Quando se trata do acontecimento, o sujeito *é* subjetivação. A palavra "πίστις" (fé ou convicção) designa exatamente esse ponto: a ausência de qualquer distância entre sujeito e subjetivação. Nessa ausência de distância, que ativa constantemente o sujeito a serviço da verdade e lhe proíbe o repouso, a Uma-verdade age na direção de todos.

---

[*] Santo Agostinho, *Confissões* (trad. J. Oliveira Santos e Ambrósio de Pina, 23. ed., Petrópolis, Vozes, 2008, Coleção Pensamento humano). (N. E.)

96 • São Paulo

Mas, talvez, recapitulando e generalizando as figuras induzidas por Paulo pela veemência da fábula, possamos, no ponto em que estamos, ordenar em dois teoremas aquilo que tem valor materialista; traçar nosso materialismo da graça.

Teorema 1: O Um somente existe para todos e ele não procede da lei, mas do acontecimento.

É na retroação do acontecimento que se constitui a universalidade de uma verdade. A lei é inadequada ao "para todos", pois ela é sempre lei estatal, lei de controle das partes, lei particular. O Um somente existe na ausência da lei. A universalidade é ligada organicamente à contingência do que nos acontece, que é a superabundância insensata da graça.

Teorema 2: O acontecimento isolado, como contingência ilegal, faz advir uma multiplicidade excessiva sobre si mesma e, portanto, a possibilidade de ultrapassar a finitude.

O corolário subjetivo, perfeitamente estabelecido por Paulo, é que toda lei é o número de uma finitude. É exatamente o que impõe que ela esteja ligada à via da carne e, definitivamente, à morte. O que proíbe o monoteísmo, ao particularizar a destinação, proíbe também o infinito.

Mas sigamos, por mais um instante, os dédalos da epístola aos Romanos.

Já apontamos no texto: sem a lei, não há o desejo libertado, autônomo, automático. Há uma vida indistinta, indivisa, talvez alguma coisa como a vida adâmica, antes da queda, antes da lei. É uma espécie de infância, que Paulo invoca quando diz: "Outrora, eu era sem lei e eu vivia". Pois essa "vida" não é aquela que constitui todo o real da via do espírito no sujeito dividido. Ela é, sobretudo, uma vida que insepara as duas vias, a vida de um sujeito supostamente pleno ou indiviso. Se imaginamos esse "antes" da lei, imaginamos um sujeito inocente, que nem sequer inventou a morte. Para ser mais preciso, a morte está no lado do desejo: "Sem a lei, o pecado morre". O que significa: sem a lei, não há autonomia viva do desejo. O desejo permanece, no sujeito indistinto, uma categoria vazia, inativa. O que, mais tarde, será a via da morte, ou o que faz o sujeito passar para o lugar do morto, não está viva. "Antes da lei", a via da morte está morta. Mas, de qualquer maneira, essa vida inocente continua não relacionada à questão da salvação.

"Com a lei", o sujeito saiu definitivamente da unidade, da inocência. Sua suposta indistinção não pode mais ser mantida. O desejo, para o qual a lei designa seu objeto, encontra-se determinado, autonomizado, como desejo transgressivo. Com a lei, o desejo retoma vida, é uma categoria ativa, plena. Há uma constituição da via carnal, em virtude da multiplicidade objetal que a lei recorta pela proibição e pela nominação. O pecado aparece como automaticidade do desejo.

Ora, a via do pecado é a da morte. Então, podemos dizer, e trata-se do cerne da proposta de Paulo: *com a lei, a via da morte, que estava ela mesma morta, torna-se viva*. A lei faz viver a morte e o sujeito, como vida segundo o espírito, cai para o lado da morte. A lei distribui a vida no lado da via da morte, e a morte o faz no lado da via da vida.

A morte da vida é o Eu (em posição de morto). A vida da morte é o pecado.

Observemos o grande paradoxo dessa disjunção do Eu (morto) e do pecado (vivo). Significa que jamais sou eu que peco, é o pecado que peca em mim: "O pecado [...] seduziu-me pelo próprio mandamento e, por meio dele, me matou". E: "Não sou mais eu que ajo assim, mas o pecado que habita em mim". O pecado enquanto tal não interessa a Paulo, que é tudo exceto um moralista. O que conta é sua posição subjetiva, sua genealogia. O pecado é a vida da morte. Trata-se do que a lei, e somente ela, é capaz. O preço pago é que a vida ocupa o lugar da morte, sob a forma do Eu.

A extrema tensão de todo o texto provém do que Paulo tenta proclamar, um descentramento do sujeito, uma forma particularmente retorcida de sua divisão. Uma vez que o sujeito da vida está no lugar da morte e vice-versa, segue-se que o saber e a vontade, de um lado, e o fazer, o agir, do outro, estão inteiramente disjuntos. Aí está a essência, empiricamente observável, da existência sob a lei. Aliás, esse descentramento pode ser colocado paralelamente à interpretação lacaniana do *cogito* (onde penso não estou lá e onde estou não penso).

Um pouco de generalizações. O homem da lei é, para Paulo, aquele para quem o fazer está separado do pensamento. Esse é o efeito da sedução pelo mandamento. Essa imagem do sujeito, em que a divisão dá-se entre o Eu morto e a automaticidade involuntária do desejo vivo, é, para o pensamento, uma figura de impotência. Fundamentalmente, o pecado é, mais do que uma falta, uma incapacidade do pensamento vivo para prescrever a ação. O pensamento se dissolve, sob o efeito da lei, em impotência e em raciocínio em vão, pois o sujeito (o Eu morto) é disjunto de uma potência sem limite, que é a automaticidade viva do desejo.

Enunciaremos então:

TEOREMA 3: A lei é o que constitui o sujeito como impotência do pensamento.

No entanto, a lei é, antes de mais nada, toda a força do mandamento da letra. Conhecemos a terrível fórmula de 2Cor. 3. 6-7: "τὸ γράμμα ἀποκτέννει, τὸ δὲ πνεῦμα ζῳοποιεῖ", a letra mata, mas o espírito cria a vida. Ela é seguida da menção do "ministério da morte gravado em letras (ἐν γράμμασιν) sobre pedras". A letra mortifica o sujeito, uma vez que separa seu pensamento de qualquer potência.

É conveniente denominar "salvação" (Paulo diz: vida justificada ou justificação) o seguinte: que o pensamento possa ser separado do fazer e da potência. Há salvação quando a figura dividida do sujeito sustenta o pensamento na potência do fazer. É o que, da minha parte, chamo um procedimento de verdade.

Temos então:

TEOREMA 4: Não há letra da salvação, ou salvação literal, de um procedimento de verdade.

Isso quer dizer que somente há letra do automatismo, do cálculo. E a recíproca é verdadeira: somente há cálculo da letra. Somente há cifragem da morte. Toda letra é cega e opera às cegas.

Quando o sujeito está sob a letra, ou é literal, ele se apresenta como correlação disjunta de um automatismo do fazer e de uma impotência do pensamento.

Se denominarmos "salvação" a ruína dessa disjunção, é claro que ela vai depender de um surgir sem lei, o qual desencadeia o ponto de impotência do automatismo.

É importante compreender, e retomar, a antidialética da salvação e do pecado. A salvação é o desencadeamento da imagem subjetiva da qual o pecado é o nome. De fato, vimos que o pecado é uma estrutura subjetiva e não uma ação má. O pecado é simplesmente a permutação, sob o efeito da lei, dos lugares da vida e da morte. Justamente por isso, sem ter necessidade de uma doutrina sofisticada do pecado original, Paulo pôde dizer com simplicidade: nós *estamos* no pecado. Quando a salvação desbloqueia o mecanismo subjetivo do pecado, parece que esse desencadeamento é uma desliteralização do sujeito.

Essa desliteralização somente é concebível se admitirmos que uma das vias do sujeito dividido é trans-literal. Enquanto estamos "sob a lei", essa via permanece morta (está na posição do Eu). Somente a ressurreição torna possível que ela volte a ser ativa. A desintricação da morte e da vida, em que a vida estava em posição de resto da morte, pode-se perceber unicamente a partir do excesso da graça, portanto, de um puro ato.

"Graça" significa que o pensamento não pode dar explicação *integral* da recolocação brutal, no sujeito, da via da vida, ou seja, da conjunção reencontrada do pensamento e do fazer. O pensamento somente pode ser libertado de sua impotência por meio de alguma coisa que exceda sua ordem. "Graça" nomeia o acontecimento como condição do pensamento ativo. A própria condição é inevitavelmente excessiva sobre o que ela condiciona, ou seja, a graça é em parte subtraída do pensamento que ela torna vivo. Ora, como disse Mallarmé, esse Paulo do poema moderno, certamente todo pensamento emite um lance de dados, mas da mesma maneira certamente ele não poderá pensar, até o fim, o acaso que assim dele resulta.

Para Paulo, a figura do quiasmo morte/vida, organizado pela lei, pode ser restaurada, ou seja, de novo permutada, somente por meio de uma operação insubstituível que trata da morte e da vida, e essa operação é a ressurreição. Somente uma ressurreição reorganiza morte e vida nos seus lugares, mostrando que a vida não ocupa necessariamente o lugar da morte.

8
O AMOR COMO FORÇA UNIVERSAL

Estabeleceu-se, portanto, que nenhuma moral, se entendermos "moral" como a obediência prática a uma lei, pode justificar a existência de um sujeito: "Não é pelas obras da lei que o homem é justificado, mas pela fé em Jesus Cristo" (Gl. 2. 16). Além disso, o acontecimento-Cristo é propriamente a abolição da lei, que era simplesmente o império da morte: "Cristo nos remiu da maldição da lei" (Gl. 3. 13). Do mesmo modo que, sob a lei, o sujeito, descentrado da vida automática do desejo, ocupava o lugar do morto e que o pecado (ou desejo inconsciente) nele vivia uma vida autônoma, do mesmo modo, guinado para fora da morte pela ressurreição, o sujeito participa de uma nova vida cujo nome é Cristo. A ressurreição do Cristo é sempre *nossa* ressurreição, suprimindo a morte em que, sob a lei, o sujeito exilara-se na forma fechada do Eu: "Se eu vivo, não mais sou eu que vivo, é Cristo que vive em mim" (Gl. 2. 20). Reciprocamente, se persistirmos em supor que verdade e justiça possam ser obtidas pela observância dos mandamentos legais, é preciso voltarmos para a morte, afirmarmos que nenhuma graça nos foi concedida na existência e negar a ressurreição: "Não rejeito a graça de Deus; pois se a justiça ($\delta\iota\varkappa\alpha\iota\sigma\sigma\acute\upsilon\nu\eta$) é obtida pela lei, Cristo morreu em vão" (Gl. 2. 21).

Isso significa que o sujeito que se vincula ao discurso cristão é absolutamente *sem lei*? Vários indícios, na passagem da epístola aos romanos que comentamos longamente, advertem-nos do contrário e levam-nos a colocar a questão extraordinariamente difícil da *existência de uma lei trans-literal, de uma lei do espírito*.

102 • São Paulo

No mesmo momento em que Paulo tenta revogar a lei e elucidar sua relação com a cobiça inconsciente, lembra de fato que "o mandamento é santo, justo e bom" (ἡ ἐντολὴ ἁγία καὶ δικαία καὶ ἀγαθή) (Rm. 7. 12). Além disso, parece inverter repentinamente toda a dialética que precede, afirmando que "a lei é espiritual" (ὁ νόμος πνευματικός) (Rm. 7. 14).

Portanto, parece que ele não distingue entre a subjetivação legalizante, que é potência de morte, e uma lei libertada pela fé, que pertence ao espírito e à vida.

Nossa tarefa é pensar a antinomia aparente de dois enunciados:

1. "Cristo é o fim da lei" (τέλος νόμου Χριστὸς) (Rm. 10. 4).

2. "O amor é a execução da lei" (πλήρωμα νόμου ἡ ἀγάπη) (Rm. 13. 10).

Sob condição da fé, da convicção declarada, o amor nomeia uma lei não literal, que dá ao sujeito fiel sua consistência e efetua no mundo a verdade pós-acontecimento.

Na minha opinião, essa é uma tese de alcance geral. O trajeto de uma verdade que induz seu sujeito como libertado das leis estatais da situação é igualmente consistente, de acordo com uma outra lei, aquela que, destinando a verdade a todos, universaliza o sujeito.

TEOREMA 5: Um sujeito transforma em lei não literal o destino universal da verdade cujo processo ele sustenta.

Esse destino universal que a fé, pura subjetivação, não constitui por si mesma, Paulo denomina "amor", ἀγάπη, durante muito tempo traduzida por "caridade", que não mais nos diz muita coisa.

O princípio disso é que, quando o sujeito, enquanto pensamento, concilia-se com a graça do acontecimento – trata-se da subjetivação (a fé, a convicção) –, ele, que estava morto, volta ao lugar da vida. Ele retoma os atributos da potência que tinham caído no lado da lei e cuja imagem subjetiva era o pecado. Ele encontra a unidade viva do pensamento e do fazer. Essa própria retomada torna-se lei universal da vida. A lei volta como articulação, para todos, da vida, via da fé, lei muito além da lei. É o que Paulo denomina amor.

Já a fé não deve ser confundida simplesmente com a convicção íntima que, vimos, entregue a si mesma, não organizou o discurso

O amor como força universal • 103

cristão mas o quarto discurso, aquele do dizer inominável, a clausura do sujeito místico. A verdadeira subjetivação tem como evidência material a *declaração pública* do acontecimento, com o seu nome, que é "ressurreição". É da essência da fé declarar-se publicamente. A verdade é militante ou não é. Citando o Deuteronômio, Paulo lembra que "a palavra está perto de ti, em tua boca (στόμα) e em teu coração (καρδία)". E, certamente, a convicção íntima, aquela do coração, é requerida, mas somente a confissão pública da fé coloca o sujeito na perspectiva da salvação. Não é o coração que salva, é a boca:

> É a palavra da fé que pregamos. Se tu confessas por tua boca o Senhor Jesus e se tu crês em teu coração que Deus ressuscitou dos mortos, tu serás salvo. Pois é crendo de coração que se alcança a justiça e é confessando pela boca que se alcança a salvação. (Rm. 10. 8 e ss.)

O real da fé é uma declaração efetiva, que enuncia, com a palavra "ressurreição", que vida e morte não são inevitavelmente distribuídas como no "velho homem". A fé faz constar, publicamente, que a montagem subjetiva comandada pela lei não é a única possível. Mas constata-se que a fé declara apenas, proclamando a ressurreição de um único homem, uma *possibilidade* para todos. Para que uma nova organização da vida e da morte seja possível, a ressurreição transforma-a em fé e é o que é preciso declarar em primeiro lugar. Mas essa convicção deixa em suspenso a universalização do "novo homem" e nada diz em relação ao conteúdo da reconciliação entre o pensamento vivo e a ação. A fé diz: nós *podemos* sair da impotência e encontrar aquilo do que a lei nos separou. A fé prescreve uma possibilidade nova, ainda ineficaz para todos, embora real no Cristo.

Cabe ao amor tornar-se lei para que a universalidade pós-acontecimento da verdade se insira continuamente no mundo e reúna os sujeitos na via da vida. A fé é o pensamento declarado de uma possível potência do pensamento. Ela não é também essa própria potência. Como diz firmemente Paulo, "πίστις δι'ἀγάπης ἐνεργουμένη", a fé somente é eficaz por meio do amor (Gl. 5. 6).

É desse ponto de vista que o amor atesta, para o sujeito cristão, a volta de uma lei que, por não ser literal, é igualmente princípio e consistência para a energia subjetiva iniciada pela declaração da fé. O amor é, para o novo homem, realização da ruptura, que ele completa com a lei, lei da ruptura com a lei, lei da verdade da lei. Assim concebida, a lei do amor pode até mesmo (Paulo jamais recusa a chance de uma ampliação das alianças políticas) ser estimulada pelo apelo ao conteúdo da antiga lei, conteúdo reduzido pelo amor a uma máxima única que não precisa, exceto para recair na morte, ser gravada na pedra, pois ela é inteiramente subordinada à subjetivação pela fé:

> Não devei a ninguém, a não ser o amor que vos deveis uns aos outros; pois aquele que ama seu próximo tem cumprido a Lei. De fato, esses mandamentos: "Tu não cometerás adultério; tu não matarás; tu não roubarás; não cobiçarás..." – e outros que também poderia citar –, resumem-se todos a estas palavras: "Tu amarás teu próximo como a ti mesmo". O amor não pratica o mal contra o próximo; o amor é, portanto, a execução da Lei. (Rm. 13. 8 e ss.)

Essa passagem traduz o duplo esforço de Paulo:

1. reduzir a multiplicidade das prescrições legais, pois é a essa multiplicidade do mandamento que está relacionada, na forma de objetos, a autonomia mortífera do desejo. É preciso uma máxima única, afirmativa, não objetal. Uma máxima que não seja suscitação do infinito do desejo pela transgressão do proibido;

2. fazer que a máxima seja tal, que exija a fé para ser compreensível.

O "ame teu próximo como a ti mesmo" satisfaz a essas duas condições (e, além disso, o que é grande vantagem, encontramos sua injunção no Antigo Testamento). Esse imperativo único não envolve nenhuma proibição, é pura afirmação. E exige a fé, pois, *antes da ressurreição, o sujeito, entregue à morte, não tem nenhuma razão aceitável para amar a si mesmo.*

Paulo não é, de modo algum, um teórico do amor oblativo, pelo qual se esqueceria de si próprio na dileção pelo Outro. Esse falso amor, que pretende que o sujeito se anule numa relação direta com a transcendência do Outro, é simplesmente uma pretensão narcisista. Está relacionado ao quarto discurso, aquele do dizer íntimo e inominável. Paulo sabe muito bem que somente há amor verdadeiro

O amor como força universal • 105

quando se está, em primeiro lugar, em condição de amar a si mesmo. Mas essa relação de amor do sujeito a si mesmo é sempre, simplesmente, amor dessa verdade viva que induz o sujeito que a declara. O amor está, portanto, sob o domínio do acontecimento e de sua subjetivação na fé, pois somente o acontecimento autoriza o sujeito a ser outra coisa diferente de um Eu morto, que não se poderia amar. A nova lei é, assim, o desdobramento em direção aos outros, e destinada a todos, da força do amor-próprio, tal como a subjetivação (a convicção) torna-o possível. *O amor é exatamente aquilo do que a fé é capaz.*

Eu denomino essa força universal da subjetivação uma fidelidade ao acontecimento e não há dúvida que a fidelidade é a lei de uma verdade. No pensamento de Paulo, o amor é precisamente fidelidade ao acontecimento-Cristo, como uma força que *destina* universalmente o amor-próprio. O amor é o que faz do pensamento uma potência, pois somente ele, e não a fé, tem em si a *força* da salvação.

Trata-se do:

Teorema 6: O que dá potência a uma verdade e determina a fidelidade subjetiva é o destino a todos da relação consigo mesmo induzida pelo acontecimento, e não essa própria relação.

É o que se pode denominar teorema do militante. Nenhuma verdade é solitária ou particular.

Para compreender a versão paulina do teorema do militante, é útil partir de dois enunciados aparentemente contraditórios.

Parece que Paulo atribui a salvação exclusivamente à fé. É a isso mesmo que, muitas vezes, se reduz seu pensamento. Por exemplo (mas o tema é recorrente nas epístolas):

No entanto, sabendo que não é por obra da Lei, mas pela fé em Jesus Cristo que o homem é justificado, nós mesmos acreditamos em Jesus Cristo, para sermos justificados pela fé em Cristo e não por obra da Lei; pois ninguém será justificado por obra da Lei. (Gl. 2. 16)

Contudo, Paulo atribui a salvação, com uma energia comparável, somente ao amor, chegando até a declarar que a fé sem amor não passa de subjetivismo vazio. Assim:

Mesmo se eu falasse as línguas dos homens e dos anjos, se eu não tenho o amor, sou apenas um bronze que ressoa, ou um címbalo que repercute. Mesmo se eu tivesse o dom da profecia, e se conhecesse todos os mistérios e toda a ciência; mesmo se eu tivesse toda a fé até para mover montanhas, se eu não tenho o amor, não sou nada. Se eu distribuísse todos os meus bens para alimentar aos pobres, mesmo se eu entregasse meu corpo para ser queimado, se eu não tenho o amor, isso não me serve para nada. (1Cor. 13. [1-3])

E quando se trata de classificar as três operações subjetivas principais do novo homem, a fé, a esperança e a caridade, é ao amor que Paulo, sem hesitação, dá o primeiro lugar: "Agora então, estas três coisas permanecem: a fé, a esperança e o amor, mas a maior das três é o amor" (1Cor. 13. 13).

Por um lado, a declaração do acontecimento é fundadora do sujeito; por outro, sem o amor, sem a fidelidade, ela não serve para nada. Digamos que uma subjetivação que não encontre a possibilidade de força de seu destino universal não tem a verdade da qual aparentemente ela é, no entanto, em seu próprio surgimento, a única testemunha.

Tratando-se da preeminência do amor, o único que efetua no mundo a unidade do pensamento e da ação, é preciso prestar atenção no léxico de Paulo, que tem sempre grande precisão. Quando se trata da subjetivação pela fé, Paulo não fala de salvação (σωτηρία), mas de justificação (δικαίωμα). É verdade que o homem é "justificado pela fé" (Rm. 3. 27), mas também é verdade que ele somente é salvo pelo amor. Lembremos, de passagem, que se "justificação" detém também, na raiz, o motivo legal da justiça, a salvação significa, simplesmente, "libertação". Assim, a subjetivação cria, conforme o possível indicado pela ressurreição de um único, o espaço justo de uma libertação; mas somente o amor, que implica a universalidade do destino, efetua essa libertação. Somente ele é vida da verdade, prazer da verdade. Como diz Paulo, "o amor [...] regozija-se com a verdade", (ἡ ἀγάπη [...] συγχαίρει τῇ ἀληθείᾳ) (1Cor. 13. 5).

Paulo tem a intuição de que todo sujeito é articulação de uma subjetivação e de uma consistência. Isso significa que não há salvação instantânea, que a própria graça é apenas indicação de uma possibilidade. O sujeito deve ser determinado em seu labor e não só em seu surgir. "Amor" é o nome desse labor. A verdade é sempre, para Paulo, "a fé que se mostra eficaz pelo amor" (Gl. 5. 6).

Isso equivale a dizer que a energia de uma verdade, o que a faz existir no mundo, é idêntica à sua universalidade, cuja forma subjetiva, sob o nome paulino "amor", é que ela se destina incansavelmente a todos os outros, gregos e judeus, homens e mulheres, homens livres e escravos. Consequentemente, "não temos nenhuma energia contra a verdade (οὐ δυνάμεθά κατὰ τῆς ἀληθείας), mas somente para a verdade (ὑὶπὲρ τῆς ἀληθείας)" (2Cor. 13. 8).

TEOREMA 7: O processo subjetivo de uma verdade é uma única e mesma coisa que o amor dessa verdade. E o real militante desse amor é o destino para todos do que a constitui. A materialidade do universalismo é a dimensão militante de toda verdade.

9

A ESPERANÇA

Paulo, dissemos, afirma que "três coisas permanecem: a fé (πίστις), a esperança (ἐλπίς) e o amor (a caridade, ἀγάπη)" (1Cor. 13. 13). Esclareçemos a correlação subjetiva entre a fé e o amor. Qual é a correlação entre esses e a esperança?

Descritivamente, para Paulo e seus sucessores, a esperança está relacionada à justiça. A fé permite que acreditemos na justiça. Assim: "É crendo de coração que se alcança a justiça" (Rm. 10. 10).

Mas de que justiça se trata? Paulo quer dizer que a esperança na justiça é a esperança num julgamento, o Juízo Final? Essa seria a esperança em um acontecimento futuro, que faria uma triagem entre condenados e salvos. A justiça seria feita e é a esse último tribunal da verdade que se confiaria a esperança.

Contra essa clássica escatologia judiciária, Paulo parece caracterizar mais a esperança como simples imperativo da continuação, princípio de tenacidade, de obstinação. Em 1Ts., a fé é comparada ao que age (ἔργον), e o amor, ao trabalho penoso, ao labor, à pena. A esperança remete à resistência, à perseverança, à paciência; ela é a subjetividade da continuação do processo subjetivo.

A fé seria a abertura à verdade, o amor seria a efetividade universalizante de seu trajeto, a esperança, enfim, uma máxima de perseverança nesse trajeto.

Como se articulam a ideia do julgamento, da justiça enfim feita, e a da perseverança, do imperativo "É preciso continuar"? Se olharmos pelo lado do julgamento, temos a esperança de uma recompensa. Se olharmos pelo lado da perseverança, temos uma figura subjetiva inteiramente desinteressada, a não ser que ela seja cooperária de uma verdade. Há uma longa história dessas duas tendências, cujas ressonâncias políticas ainda permanecem. A questão ainda hoje é saber a que se atribui a energia militante de um sujeito qualquer. Se visarmos a retribuição final, o sujeito se realinha no objeto. Se a esperança é, sobretudo, o princípio da perseverança, continuamos no subjetivo puro. O cristianismo caminhou nessa direção, privilegiando quase sempre a retribuição, mais popular aos olhos da Igreja, assim como o sindicalismo comum faz reivindicações das pessoas por não mais se confiar em seus irrefletidos entusiasmos políticos "irrealistas".

O problema é saber que relação a esperança mantém com a potência. Ela reforça a potência *de fora*, em função do que se espera dela? Há um acontecimento no futuro que nos pagará por termos penosamente declarado o acontecimento que nos constitui? A esperança é, então, uma conexão de acontecimentos, ela dispõe o sujeito no intervalo entre dois acontecimentos, ela apoia-se na esperança do segundo para sustentar sua fé no primeiro.

A doutrina objetivante clássica é que o Juízo Final legitimará os fiéis punindo os infiéis. A justiça é, então, uma distribuição, como se vê nos grandes quadros de Tintoretto ou de Michelangelo, que se regalam visualmente com o contraste entre a ascensão luminosa dos militantes recompensados e a degringolada tenebrosa dos vilões fulminados.

O inferno sempre teve muito mais sucesso, artístico e público, que o paraíso, pois o que requer o sujeito, nessa visão da esperança, é a ideia de que a pessoa má será punida. A legitimação da fé e do amor pela esperança é então simplesmente negativa. A esperança é atravessada pelo ódio dos outros, pelo ressentimento. Mas assim concebida, a esperança parece dificilmente compatível com essa reconciliação, no universal, do pensamento e da força que Paulo nomeia amor.

E, de fato, não encontramos em Paulo a concepção judiciária e objetiva da esperança. Certamente, como é um homem violento e rancoroso (é preciso realmente que a via da morte continue a dividir o sujeito), ele deixa entender que as pessoas más, ou seja, principalmente seus inimigos políticos na construção dos núcleos cristãos,

A esperança • 111

não serão realmente bem tratados. E, do mesmo modo, às vezes ele consente, enquanto judeu no início do Império, imaginar que nosso tempo está contado, que o fim do mundo está próximo: "Vós sabeis em que tempo estamos: é hora de acordarem enfim do sono, pois agora a salvação está mais perto de nós do que cremos. A noite avançou e o dia se aproxima. Desnudemo-nos das obras das trevas e vistamos as armas da luz" (Rm. 13. 11-12). Mas há pouquíssimas concessões, em Paulo, a essa atmosfera apocalíptica e agressiva. Ele une menos ainda a esperança à satisfação com o castigo dos ímpios.

É que o universalismo é a paixão de Paulo e não por acaso ele foi denominado "o apóstolo das nações". Sua convicção mais clara é que a imagem de acontecimento da ressurreição transborda de todos os lados seu local real e contingente, que é a comunidade dos fiéis, tal como existe naquele momento. O trabalho de amor ainda está diante de nós, o Império é vasto. Tal homem, ou tal povo, que tem todas as aparências da impiedade e da ignorância deve ser visto, em primeiro lugar, como aquele junto ao qual o militante deve levar a Nova. O universalismo de Paulo exclui que o conteúdo da esperança possa ser um privilégio concedido aos fiéis da época. Não é pertinente fazer da justiça distributiva o referente da esperança.

Definitivamente, aos olhos de Paulo, a esperança não é a de uma vitória objetiva. Ao contrário, é a vitória subjetiva que produz a esperança. Tentemos compreender esse texto difícil e de grande importância para qualquer que seja o militante de uma verdade:

> [...] e nós nos glorificamos na esperança da glória de Deus. E muito mais ainda, nós nos glorificamos até mesmo nas aflições, sabendo que a aflição produz a paciência; a paciência, a fidelidade comprovada; e a fidelidade comprovada, a esperança. Ora, a esperança não engana. (Rm. 5. 2 e ss.)

A dimensão subjetiva que tem como nome "esperança" é a prova ultrapassada e não aquilo em nome do que a prova foi ultrapassada. A esperança é "fidelidade comprovada", tenacidade do amor na prova, e não é, de maneira alguma, visão da recompensa ou do castigo. A esperança é subjetividade de uma fidelidade vitoriosa, fidelidade à fidelidade, e não representação de seu resultado futuro.

112 • São Paulo

A esperança indica o real da fidelidade na prova de seu exercício aqui e agora. É assim que se pode compreender a expressão enigmática "a esperança não engana". Não a aproximaremos do enunciado de Lacan, para quem "a angústia é o que não engana", precisamente em virtude de sua carga de realidade, do excesso de realidade do qual ela resulta. Poderíamos dizer que a esperança não é o imaginário de uma justiça ideal enfim feita, mas o que acompanha a paciência da verdade ou a universalidade prática do amor, na prova do real.

Se Paulo não pode juntar a esperança ao imaginário de uma retribuição, além de se opor, de maneira geral, à ideia de uma "recompensa" da fé, é porque a ressurreição não tem nenhum sentido fora do caráter universal de sua operação. Nada permite solidificar divisões ou distribuições, uma vez que está em jogo a contingência da graça: "Por um único ato de justiça, a justificação que dá a vida estende-se também a todos" (Rm. 5. 19). "Todos os homens" revivem continuamente: "como todos morrem em Adão, da mesma maneira que todos reviverão com o Cristo" (1Cor. 15. 22). Nenhum espaço aqui para a vingança e o ressentimento. O Inferno, a grelha dos inimigos não interessa a Paulo.

Na verdade, *um* inimigo é identificável, seu nome é a morte. Mas trata-se de um nome genérico, aplicável a uma via do pensamento. Desse inimigo, Paulo fala muito raramente e no futuro: "O último inimigo que será destruído é a morte" (1Cor. 15. 26). A justiça da qual se trata na esperança, sem dúvida, pode ser pensada como morte da morte. Mas trata-se da derrota, a partir de agora iniciada, da figura subjetiva da morte. Ela é copresente no destino universal do amor e não instrui nenhuma divisão judiciária entre salvos e condenados. A esperança afirma muito mais, como confiança na fidelidade do militante, que toda vitória é, na realidade, vitória de todos. A esperança é a modalidade subjetiva de uma vitória do universal: "E assim todo Israel será salvo" (Rom. 11. 26).

Da mesma maneira que o amor é a força geral, destinada a todos, do amor-próprio como construção do pensamento vivo, a esperança tece a subjetividade da salvação, da unidade do pensamento e da força, como universalidade presente em cada prova, em toda vitória. Toda vitória obtida, por mais local que seja, é universal.

Para Paulo, é fundamental declarar que somente sou justificado na exata medida em que todos o são. A esperança, certamente, me concerne. Mas isso significa que só me identifico, em minha singularidade, como sujeito da organização da salvação, uma vez que essa organização é universal.

A esperança indica que somente posso perseverar no amor porque esse amor instaura a universalidade concreta da verdade e porque essa universalidade me subsume, volta para mim. É o grande sentido do enunciado: "Se não tenho o amor, não sou nada" (1Cor. 13. 2). Para Paulo, é essa universalidade que é mediadora da identidade. É o "para todos" que faz que eu seja contado como um. Aí encontramos um princípio paulino maior: o Um não é acessível sem o "para todos". O que designa e experimenta minha participação na salvação – a partir do momento que sou o operário paciente da universalidade da verdade – chama-se esperança. Desse ponto de vista, a esperança não tem nada a ver com o futuro. Ela é uma figura do sujeito presente, para quem restitui a universalidade na qual ele trabalha.

Teorema 8: O sujeito se mantém, quanto ao imperativo de sua própria continuação, se a ocorrência da verdade que o constitui é universal e, portanto, lhe concerne efetivamente. Somente há singularidade se houver universal. Senão, fora da verdade, somente há particular.

10
UNIVERSALIDADE E
TRAVESSIA DAS DIFERENÇAS

O fato de a esperança ser pura paciência do sujeito, inclusão de si na universalidade do destino, não significa de maneira alguma que convenha ignorar ou desprezar as diferenças; pois, se é verdade que, em relação ao que o acontecimento constitui, não há "nem judeu nem grego", *o fato é* que existem judeus e gregos. Que todo procedimento de verdade deixe de lado as diferenças e desenvolva infinitamente uma multiplicidade puramente genérica não permite que se perca de vista que, na situação (chamemo-la: o mundo), *há diferenças*. Podemos até sustentar que não há senão isso.

A ontologia subjacente à predicação de Paulo valoriza os não seres comparativamente aos seres, para ser mais preciso: estabelece que, para o sujeito de uma verdade, o que existe em geral é considerado, pelos discursos estabelecidos, inexistente, ainda que os seres que esses discursos validam sejam, para o sujeito, não seres. Acontece que esses seres fictícios, essas opiniões, esses costumes, essas diferenças são aquilo a que se destina a universalidade, aquilo em direção a que se orienta o amor e, em última análise, aquilo que é preciso atravessar para que a própria universalidade se edifique ou para que o elemento de generalidade do verdadeiro seja desenvolvido de *maneira imanente*. Qualquer outra atitude remeteria a verdade não ao trabalho do amor (que é a unidade do pensamento e da força), mas à clausura do quarto discurso, iluminista e místico, o qual Paulo, que pretende organizar o trajeto da Nova em toda a extensão do Império, não quer de maneira alguma que monopolize e esterilize o acontecimento.

116 • São Paulo

Essa é a razão pela qual Paulo, apóstolo das nações, não só se recusa a estigmatizar as diferenças e os costumes, mas aceita a eles se dobrar de tal modo que através delas, e nelas, passe o processo de abandono subjetivo delas. É exatamente a busca de novas diferenças, de novas particularidades onde *expor* o universal, que transporta Paulo para além do local do acontecimento propriamente dito (o local judaico), que o leva a deslocar a experiência, histórica, geográfica e ontologicamente. Daí uma característica militante muito reconhecível, que combina a apropriação das particularidades e a invariabilidade dos princípios, a existência empírica das diferenças e a sua inexistência essencial, não por meio de uma síntese amorfa, mas de acordo com uma série de problemas a resolver. O texto é de grande intensidade:

> Ainda que eu seja livre em relação a todos, eu me tornei o servidor de todos, a fim de ganhar o maior número possível. Com os judeus, fui como judeu, a fim de ganhar os judeus; com os que estão sob a lei, como sob a lei (ainda que eu mesmo não esteja sob a lei), a fim de ganhar aqueles que estão sob a lei; com os que estão sem lei, como sem lei (ainda que eu não esteja sem a lei de Deus, estando sob a lei de Cristo), a fim de ganhar aqueles que estão sem lei. Fui fraco com os fracos, a fim de ganhar os fracos. Tornei-me tudo para todos. (1Cor. 9. 19 e ss.)

Não se trata de maneira alguma de um texto oportunista, mas do que os comunistas chineses nomearam "a linha de massas", desenvolvida até a expressão "servir ao povo", e que consiste em supor que, quaisquer que sejam suas opiniões e seus costumes, o pensamento das pessoas tem condição, sem ter de renunciar às diferenças que os fazem ser reconhecidos no mundo, de atravessá-las e transcendê-las, se as compreendemos por meio do trabalho pós-acontecimento de uma verdade.

Para compreendê-las, no entanto, também é preciso que a própria universalidade não se apresente com as características de uma particularidade. Somente é possível transcender as diferenças se a benevolência em relação aos costumes e às opiniões apresentar-se como *uma indiferença tolerante às diferenças*, a qual tem como prova material apenas poder, e saber, como narra Paulo, autopraticar as

Universalidade e travessia das diferenças • 117

diferenças. Por isso, Paulo desconfia muito de qualquer regra, qualquer rito que possa afetar a militância universalista, designando-a, por sua vez, como portadora de diferenças e de particularidades.

Evidentemente, os fiéis dos pequenos núcleos cristãos não param de lhe perguntar o que se deve pensar sobre a conduta das mulheres, as relações sexuais, os alimentos permitidos ou proibidos, o calendário, a astrologia etc. Pois é da natureza do animal humano, definido por redes de diferenças, gostar de fazer esse tipo de pergunta e até mesmo pensar que somente elas são verdadeiramente importantes. Muitas vezes, diante desse afluxo de problemas muito distantes do que, para ele, identifica o sujeito cristão, Paulo manifesta uma rigidez impaciente: "Se alguém gosta de discutir, não temos esse hábito" (1Cor. 11. 16). É fundamental, para o destino do labor universalista, livrá-lo dos conflitos de opiniões e do enfrentamento de diferenças costumeiras. A máxima mais importante é: "μὴ εἰς διακρίσεις διαλογισμῶν" (não seja um discutidor de opiniões) (Rm. 14. 1).

A frase é ainda mais impressionante porque "διάκρισις" significa essencialmente "discernimento das diferenças". Paulo dedica-se exatamente ao imperativo de não comprometer o procedimento de verdade na chicana das opiniões e das diferenças. Certamente, uma filosofia pode discutir opiniões; é precisamente o que, para Sócrates, a define. Mas o sujeito cristão não é um filósofo e a fé não é nem uma opinião, nem uma crítica das opiniões. A militância cristã deve ser uma travessia indiferente às diferenças mundanas e evitar qualquer casuística dos costumes.

Paulo, visivelmente apressado em voltar a tratar da ressurreição e das suas consequências, mas também preocupado em não desestimular seus companheiros, não se cansa, então, de explicar que o que se come, o comportamento de um servo, as hipóteses astrológicas e, finalmente, o fato de ser judeu, grego ou algo diferente, tudo isso pode e deve ser visto como externo ao trajeto da verdade e, ao mesmo tempo, compatível com ele:

> Um crê poder comer de tudo; outro, que é fraco, come apenas legumes. Que aquele que come não despreze o que não come, e que aquele que não come não julgue o que come [...]. Um faz uma distinção entre

118 • São Paulo

os dias, outro os considera todos iguais. Que cada um tenha em seu espírito plena convicção. (Rm. 14. 2 e ss.)

Paulo vai muito longe nessa direção e é muito estranho que lhe tenham imputado um moralismo sectário. É exatamente o contrário, pois o vemos constantemente resistir às pressões exercidas em favor das proibições, dos ritos, dos costumes, das observâncias. Ele não hesita em dizer que "para a verdade, todas as coisas são puras" (πάντα καθαρά) (Rm. 14. 20). E, sobretudo, ele polemiza contra o julgamento moral que, aos seus olhos, é uma escapatória do "para todos" do acontecimento: "Tu, por que julgas teu irmão? Ou tu, por que desprezas teu irmão? [...] Portanto, não julguemos mais uns aos outros" (Rm. 14. 10 e ss.).

O surpreendente princípio desse "moralista" acaba pelo dizer: tudo é permitido ("Πάντα ἔξεστιν", 1Cor. 10. 23). Sim, na ordem da particularidade, tudo é permitido, pois, se as diferenças constituem o material do mundo, é simplesmente para que a singularidade do sujeito de verdade, ela própria contida no devir do universal, cave trincheira nesse material. Não é necessário por isso, muito pelo contrário, pretender julgá-lo ou reduzi-lo.

Que as diferenças costumeiras ou particulares sejam o que é preciso *deixar ser*, uma vez que nelas se conduz o destino universal e as consequências militantes da fé – o que também se diz assim: *somente é pecado a inconsequência* em relação à fé ou "o que não resulta da fé" (Rm. 14. 23) –, será mais bem considerado se tomarmos dois exemplos de como o processo de um sectarismo moralizante, ou pior, foi muitas vezes atacado por Paulo: as mulheres e os judeus.

Muitas vezes considerou-se que a predicação paulina abria a época das origens cristãs do antissemitismo. Ora, a não ser que se considere que romper com uma ortodoxia religiosa sustentando, internamente, uma heresia singular, seja uma forma de racismo, o que é, da mesma maneira, um exagero retrospectivo insuportável, é preciso deixar claro que não há nos escritos de Paulo nada que se possa assemelhar, nem de longe, a qualquer enunciado antissemita.

A acusação de "deicida", que, na verdade, sobrecarrega os judeus de uma culpabilidade mitológica esmagadora, não aparece

Universalidade e travessia das diferenças • 119

em nenhum discurso de Paulo, por razões secundárias e, ao mesmo tempo, essenciais. Secundárias já que, de qualquer maneira, e dissemos porque, o processo histórico e estatal da morte de Jesus e, portanto, a distribuição das responsabilidades no que diz respeito ao assunto, absolutamente não interessa a Paulo, para quem somente a ressurreição tem importância. Essenciais uma vez que, bem anterior à teologia trinitária, o pensamento de Paulo não se baseia no tema de uma identidade substancial do Cristo e de Deus e porque nada em sua obra corresponde ao motivo sacrificial do Deus crucificado.

São de fato, sobretudo, os evangelhos, especialmente, o mais tardio, o de João, que discriminam a particularidade judaica e insistem na separação dos cristãos daqueles que têm essa particularidade. O que, sem dúvida, após a grande guerra dos judeus contra a ocupação romana, tende a atrair a benevolência das autoridades imperiais, mas nesse momento distancia a proposta cristã de seu destino universal e dá início ao regime diferenciador das exceções e das exclusões.

Nada disso em Paulo. Sua relação com a particularidade judaica é essencialmente positiva. Consciente de que o local do acontecimento da ressurreição continua, genealógica e ontologicamente, na herança do monoteísmo bíblico, quando ele designa a universalidade do destino, concede exatamente aos judeus uma espécie de prioridade. Por exemplo: "Glória, honra e paz para qualquer um que faz o bem, para o judeu em primeiro lugar, em seguida para o grego" (Rm. 2. 10).

"Para o judeu em primeiro lugar" (Ἰουδαίῳ πρῶτον): é justamente o que marca o lugar dominante da diferença judaica, no movimento que atravessa *todas* as diferenças para que se construa o universal. Razão pela qual Paulo não só considera como evidente que seja preciso ser "como judeu, com os judeus", mas argumenta vigorosamente sua judeidade para estabelecer que os judeus estão contidos na universalidade do Anúncio: "Deus rejeitou seu povo? Longe disso! Pois eu também sou israelita, da descendência de Abraão, da tribo de Benjamin. Deus não rejeitou seu povo, que ele reconheceu antecipadamente" (Rm. 11. 1-2).

Evidentemente, Paulo combate todos aqueles que gostariam de submeter a universalidade pós-acontecimento à particularidade judaica. Ele realmente espera "livrar-se dos incrédulos da Judeia" (Rm. 15. 31). É natural, para quem simplesmente identifica sua fé, por meio das lembranças de seu próprio passado, a uma renúncia às diferenças comunitárias e costumeiras. Mas não se trata de julgar os judeus como tais porque, afinal de contas, a convicção de Paulo, diferentemente da de João, é que "todo Israel será salvo" (Rm. 11. 26).

É que Paulo dispõe o novo discurso numa constante e sutil estratégia de deslocamento do discurso judaico. Já salientamos que tanto as propostas do Cristo não se acham em seus textos, quanto, neles, as referências ao Antigo Testamento são abundantes. O que Paulo se propõe não é evidentemente abolir a particularidade judaica, que ele sempre reconhece ser o princípio da historicidade do acontecimento, mas estimulá-la internamente a tudo do que ela é capaz no que diz respeito ao novo discurso e, portanto, ao novo sujeito. Para Paulo, o ser-judeu, em geral, e o Livro, em particular, *podem e devem ser ressubjetivados.*

Essa operação baseia-se na oposição das figuras de Abraão e de Moisés. Paulo não gosta de Moisés, homem da letra e da lei. Em compensação, ele se identifica de bom grado com Abraão, por razões muito fortes, reunidas em uma passagem de suas epístolas (Gl. 3. 6 e ss.):

> Como Abraão acreditou em Deus e isso lhe foi imputado como justiça, reconheceis então que aqueles que têm fé são filhos de Abraão. Também a Escritura, prevendo que Deus justificaria os pagãos pela fé, preanunciou essa boa-nova a Abraão: "Todas as nações serão abençoadas em ti", de modo que aqueles que creem são abençoados com Abraão, o fiel.

Vemos que Abraão é decisivo para Paulo, em primeiro lugar, porque foi eleito por Deus simplesmente por sua fé, antes da lei (gravada por Moisés, observa Paulo, "quatrocentos e trinta anos depois"); em seguida, porque a promessa que acompanha sua eleição concerne a "todas as nações" e não somente à descendência judaica. Abraão é, portanto, uma antecipação do que se poderia chamar um universalismo de local judaico, ou seja, uma antecipação de Paulo.

Judeu entre os judeus, e feliz de sê-lo, Paulo quer apenas lembrar que é absurdo se achar proprietário de Deus e que um acontecimento, em que a questão em pauta é o triunfo da vida sobre a morte, quaisquer que sejam as formas comunitárias de uma e de outra, estimula o "para todos" em que o Um do monoteísmo verdadeiro se sustenta. Nessa lembrança, mais uma vez, o Livro serve à subjetivação: "Ele nos chamou, não somente dentre os judeus, mas também dentre os pagãos, conforme ele o diz em Oseias: 'Eu chamarei meu povo aquele que não era meu povo e bem-amada aquela que não era a bem-amada'" (Rm. 9. 24 e ss.).

No que diz respeito às mulheres, é também totalmente falso, ainda que muitas vezes sustentado, que Paulo seja o fundador de uma misoginia cristã. Certamente, não diremos que Paulo, que não quer que se tagarele de maneira interminável sobre os costumes e as opiniões (isso comprometeria a transcendência do universal nas divisões comunitárias), enuncie sobre as mulheres coisas que nos convêm hoje. Mas, em suma, é absurdo fazê-lo comparecer diante do tribunal feminista contemporâneo. A única questão importante é saber se Paulo, considerando sua época, é mais progressista ou mais reacionário no que se refere à situação das mulheres.

Um ponto decisivo, em todo caso, é que Paulo, à luz do enunciado fundamental segundo o qual, no elemento da fé, "não há nem homem nem mulher", entende realmente que as mulheres participem das assembleias dos fiéis e possam declarar o acontecimento. Ele compreendeu, como militante visionário, o potencial de energia e de extensão que uma participação igualitária como essa poderia mobilizar. Ele não tinha a menor vontade de se privar da presença a seu lado de "Pérside, a bem-amada, que muito trabalhou para o Senhor" (Rm. 16. 12), de Júlia ou da irmã de Nereu.

A partir disso, o problema é combinar, de acordo com as circunstâncias, essa exigência com a evidente e maciça desigualdade que afeta as mulheres no mundo antigo, sem que a discussão sobre esse ponto entrave o movimento de universalização.

A técnica de Paulo é, então, o que se poderia chamar a *simetrização segunda*. Admitiremos, num primeiro tempo, o que ninguém na época estava preparado para questionar; por exemplo, o marido tem autoridade sobre sua mulher. Daí, a frase: "A mulher não tem autoridade sobre seu próprio corpo e sim o marido" (1Cor. 7. 4).

122 • São Paulo

Que horror! Sim, mas para deixar implícita aí a lembrança de que o que importa é o devir universal de uma verdade, vamos, de alguma maneira, neutralizar a máxima desigualitária, mencionando, num segundo tempo, sua reversibilidade. Pois o texto continua, e é preciso da mesma maneira sempre citar *também* essa continuação: "e, paralelamente, o marido não tem autoridade sobre seu próprio corpo e sim a mulher".

No fundo, o que Paulo tenta fazer e que é justo considerar ser, afinal de contas, uma invenção progressista, é *passar o igualitarismo universalizante por meio da reversibilidade de uma regra desigualitária*. O que lhe permite, ao mesmo tempo, não entrar em controvérsias sem saída relativas à regra (que ele assume inicialmente) e dispor a situação global de tal modo que a universalidade *possa* ser recuperada nas diferenças particularizantes, na circunstância da diferença dos sexos.

Daí uma técnica do contrapeso que, quando se trata de mulheres, marca todas as intervenções de Paulo sem exceção. O casamento, por exemplo. Paulo começa evidentemente pela regra desigualitária: "Eu ordeno [...] que a mulher não se separe de seu marido" (1Cor. 7. 10); mas na sequência: "[...] e que o marido não repudie sua mulher".

Tomemos uma questão, que em sua variante dita islâmica, é de uma atualidade certa: as mulheres devem cobrir seus cabelos quando vão a um lugar público? É visivelmente o que todos pensam no meio oriental, onde o apóstolo tenta fundar grupos militantes. Para Paulo, o importante é que uma mulher "ore ou profetize" (que uma mulher possa "profetizar", o que para Paulo quer dizer: declarar publicamente sua fé, é notável). Ele admite, então, que "toda mulher que ora ou profetiza, com a cabeça sem véu, desonra seu chefe" (1Cor. 11. 5). O argumento é que os longos cabelos das mulheres indicam uma espécie de caráter natural do velamento e que é pertinente redobrar esse véu natural com um signo artificial, que, em suma, testemunha uma aceitação da diferença dos sexos. Como diz Paulo, a verdadeira vergonha para uma mulher é ter a cabeça raspada e é a única razão pela qual, convocada à declaração, ela deve se cobrir com o véu, de tal modo que se manifestou que a

Universalidade e travessia das diferenças • 123

universalidade dessa declaração *inclui mulheres que ratificam que são mulheres*. O que está em pauta, aqui, é a força do universal sobre a diferença como diferença.

Dirão: mas essa obrigação é unicamente para mulheres e aí está uma desigualdade flagrante. Não é nada disso, em virtude da simetrização segunda, pois Paulo toma o cuidado de precisar que "se um homem ora ou profetiza com a cabeça coberta, ele desonra seu chefe" e que é tão vergonhoso para um homem ter cabelos longos, quanto para uma mulher tê-los curtos. A necessidade de atravessar e de atestar a diferença dos sexos *para* que ela se indiferencie na universalidade da declaração leva, no elemento contingente dos costumes, a obrigações simétricas e não a obrigações unilaterais.

Sem dúvida, Paulo declara, no eco de uma visão hierárquica do mundo então difundida por toda parte, e da qual a versão romana é o culto do imperador, que "Cristo é o chefe de todo homem, que o homem é o chefe da mulher e que Deus é o chefe do Cristo" (1Cor. 11. 3). É exatamente o homófono da palavra "κεφαλή" (também audível como a velha palavra "chefe") que permite passar dessa consideração teológico-cósmica para a análise da questão delicada do véu das mulheres. O apoio foi buscado, como se imagina, na narrativa do *Gênesis*: "O homem não foi tirado da mulher, mas a mulher foi tirada do homem" (1Cor. 11. 8). A questão parece resolvida: Paulo propõe um sólido fundamento religioso para a inferiorização da mulher. E, bem, de maneira alguma, pois três linhas depois, um "todavia" (πλήν) introduz vigorosamente a simetrização segunda, que, lembrando oportunamente que todo homem nasce de uma mulher, reconduz toda essa construção desigualitária a uma igualdade essencial: "Todavia, de acordo com o Senhor, a mulher não existe sem o homem, nem o homem sem a mulher. Pois, do mesmo modo que a mulher foi tirada do homem, o homem existe por meio da mulher".

Assim, Paulo continua fiel à sua dupla convicção: no que diz respeito ao que nos aconteceu, que nos subjetivamos por uma declaração pública (fé), que nos universalizamos por uma fidelidade (amor) e com o que identificamos nossa consistência subjetiva no tempo (esperança), as diferenças são indiferentes e a universalidade do verdadeiro as deixa de lado; no que diz respeito ao mundo onde a verdade atua, a universalidade deve se expor a todas as diferenças e mostrar, na prova de sua divisão, que elas podem acolher a verdade que as atravessa. O que importa, homem ou mulher, judeu ou grego, escravo ou livre, é que as diferenças *portam o universal que lhes chega como uma graça.* E inversamente, somente reconhecendo nas diferenças a capacidade que elas têm de portar o que lhes advém do universal é que o próprio universal confirma sua realidade: "Se os objetos inanimados que emitem um som, como uma flauta ou uma harpa, não emitirem sons distintos, como reconheceremos o que é tocado na flauta ou na harpa?" (1Cor. 14. 7).

As diferenças nos dão, como fazem os timbres instrumentais, a univocidade reconhecível da melodia do Verdadeiro.

11
PARA CONCLUIR

Demos a este livro o subtítulo *a fundação do universalismo*. Obviamente, é um título excessivo. O universalismo real já está inteiramente presente neste ou naquele teorema de Arquimedes, em certas práticas políticas dos gregos, em uma tragédia de Sófocles ou na intensidade amorosa de que os poemas de Safo dão testemunho. Da mesma maneira, ele se encontra em *Cântico dos cânticos* ou invertido em niilismo nas deplorações do *Eclesiastes*.

No entanto, sobre essa questão, com Paulo há uma profunda cesura, ainda ilegível, pelo acesso que temos a ela, no ensinamento de Jesus. Somente essa cesura esclarece o imenso eco da fundação cristã.

A dificuldade é que, para nós, essa cesura não diz respeito ao conteúdo explícito da doutrina. Afinal, a ressurreição é apenas uma asserção mitológica. Dizer "a série dos números primos é ilimitada" é de uma universalidade indubitável. Dizer "o Cristo ressuscitou" é como subtrair da oposição do universal e do particular, pois é um enunciado narrativo sobre o qual só podemos admitir que seja histórico.

Na realidade, a cesura paulina diz respeito às condições formais e às consequências inevitáveis de uma consciência-de-verdade enraizada num puro acontecimento, livre de qualquer atribuição objetivista às leis particulares de um mundo ou de uma sociedade, ainda que concretamente destinada a se inscrever num mundo e numa sociedade. O que há de específico em Paulo é ter estabelecido que somente há fidelidade a um acontecimento como aquele com a resilição dos particularismos comunitários e a determinação de um sujeito-de-verdade que indistingue o Um e o "para todos". A cesura paulina não se apoia então, como é o caso dos procedimentos de verdade efetivos (ciência, arte, política, amor), na produção de um universal. Ela se baseia, por meio de um elemento mitológico implacavelmente reduzido a um único ponto, a um único enunciado (o Cristo ressuscitou), nas leis da universalidade em geral. Por isso, podemos nomeá-la uma cesura *teórica*, entendendo que "teórico" não se opõe aqui a "prático", mas a real. Paulo é fundador, por ser um dos primeiros teóricos do universal.

Uma segunda dificuldade é, então, que Paulo poderia ser identificado como filósofo. Eu mesmo sustentei que a particularidade da filosofia não era produzir verdades universais, mas organizar o acolhimento sintético destas forjando e remanejando a categoria de Verdade. Auguste Comte definia o filósofo como um "especialista em generalidades". Paulo não é um especialista em categorias gerais de todo o universalismo?

Levantaremos a objeção dizendo que Paulo não é filósofo, justamente porque ele não atribui seu pensamento a generalidades conceituais, mas a um acontecimento singular. Que esse acontecimento singular seja da ordem da fábula impede que Paulo seja um artista, um cientista ou um revolucionário do Estado, mas impede também que ele tenha qualquer acesso à subjetividade filosófica que ou bem se ordena na fundação ou na autofundação conceitual, ou bem se coloca sob condição dos procedimentos de verdade *reais*. Para Paulo, o acontecimento de verdade destitui a Verdade filosófica, ao mesmo tempo que, para nós, a dimensão fictícia desse acontecimento destitui a pretensão à verdade real.

Cabe dizer então: *Paulo é um teórico antifilosófico da universalidade*. Que o acontecimento (ou o puro ato) invocado pelos antifilósofos seja fictício não é nenhum obstáculo. Ele o é também em Pascal (é o mesmo que para Paulo) e em Nietzsche (a "grande política" de Nietzsche jamais quebrou a história do mundo em duas, foi ele que se rompeu).

Antifilósofo extraordinário, Paulo adverte o filósofo de que as condições do universal não podem ser conceituais, nem no que se refere à origem nem ao destino.

No que diz respeito à origem, é necessário que um acontecimento, espécie de graça supranumerária para toda particularidade, seja aquilo de que se parte para abandonar as diferenças. No que diz respeito ao destino, ele não poderia ser predicativo ou judiciário. Não há instância diante da qual fazer comparecer o resultado de um procedimento de verdade. Uma verdade jamais depende da Crítica. Ela simplesmente se sustenta por si só e é correlativa de um sujeito de novo tipo, nem transcendental nem substancial, inteiramente definido como militante da verdade em questão.

Isso porque, como Paulo testemunha de maneira exemplar, o universalismo, que é uma produção subjetiva absoluta (não relativa), indistingue o dizer e o fazer, o pensamento e a força. O pensamento é universal somente quando se destina a todos os outros e, nesse destino, ele se efetua como força. Mas uma vez que todos são considerados de acordo com o universal, inclusive o militante solitário, consequentemente, o que se edifica é a subsunção do Outro ao Mesmo. Paulo mostra detalhadamente como um pensamento universal, partindo da proliferação mundana das alteridades (o judeu, o grego, as mulheres, os homens, os escravos, os livres etc.), *produz um Mesmo e o Igual* (não há mais nem judeu nem grego etc.). A produção da igualdade, a revogação, no pensamento, das diferenças são os signos materiais do universal.

Contra o universalismo pensado como produção do Mesmo, recentemente afirmava-se que ele achava seu símbolo, e mesmo seu êxito, nos campos de extermínio, em que cada um, não sendo mais do que simplesmente um corpo à beira da morte, é absolutamente igual a qualquer outro. Esse "argumento" é uma impostura por duas razões fundamentais. A primeira é que, ao ler, Primo Lévi ou Chalamov, vê-se que, ao contrário, o campo produz, a todo instante, diferenças exorbitantes, institui como diferença absoluta entre a vida e a morte o menor fragmento de realidade e que essa diferenciação incessante do ínfimo é a tortura. A segunda, que concerne mais diretamente a Paulo, é que uma condição necessária do pensamento como força (a qual, lembremos, é amor) é que aquele que é militante da verdade identifica-se, como qualquer outro, a partir do universal. *A produção do Mesmo é ela própria interna à lei do Mesmo.* Ora, a

128 • São Paulo

produção pelos nazistas dos abatedouros concentracionários obedece ao princípio oposto: a criação em massa de cadáveres judeus tinha como "sentido" delimitar a existência da raça superior, como diferença absoluta. O destinar ao outro o "como a si mesmo" (ame o outro como a ti mesmo) era o que os nazistas queriam abolir. O "como a si mesmo" do ariano alemão era precisamente o que não se deixava projetar em nenhum lugar, uma substância fechada, sempre levada a confirmar seu fechamento, nela e fora dela, pela carnificina.

A dissolução, no universal, da identidade do sujeito universalizante, máxima de Paulo, faz que o Mesmo seja o que se conquista, inclusive, quando necessário, alterando nossa própria alteridade.

Essa lógica subjetiva leva, para o sujeito, a uma indiferença pelas nominações seculares, àquilo que atribui predicados e valores hierárquicos aos subconjuntos particulares. A esperança é a maior dessas nominações. A epístola aos filipenses (Fl. 2. 9) fala do Cristo como "nome que está acima de qualquer nome". São sempre a esses nomes, mais do que aos nomes fechados das línguas particulares e das entidades fechadas, que o sujeito de uma verdade aspira. Todos os nomes verídicos estão "acima de qualquer nome". Eles se deixam declinar e declarar, como o faz a simbólica matemática, em todas as línguas, de acordo com todos os costumes e pelo través de todas as diferenças.

Todo nome do qual procede uma verdade é um nome anterior à Torre de Babel. Mas deve circular na torre.

Paulo, insistimos, não é dialético. O universal não é a negação da particularidade. É o encaminhamento de uma distância concernente a uma particularidade sempre subsistente. Toda particularidade é uma conformação, um conformismo. Trata-se de sustentar uma não conformidade com o que sempre nos conforma. O pensamento encontra-se na prova da conformidade e somente o universal o ergue, com um labor ininterrupto, numa travessia inventiva, dessa prova. Como diz Paulo, de uma forma magnífica: "Não vos conformai com o século presente, mas sede transformados pelo renovamento de vosso pensamento" [aqui, νοῦς, e não πνεῦμα; por isso é preferível não traduzir por "espírito"] (Rm. 12. 2).

Não se trata de maneira alguma de fugir do século, é preciso viver com ele, mas sem se deixar formar, conformar. É o sujeito que, sob a injunção de sua fé, deve, muito mais que o século, ser transformado. E a chave dessa transformação, desse "renovamento", está no pensamento. Paulo nos diz: é sempre possível que se pense no século um pensamento não conformista. Eis o que é um sujeito. É ele que sustenta o universal e não a conformidade.

Somente é universal aquilo que está em exceção imanente. Porém, se tudo depende de um acontecimento, é preciso esperar? Certamente não. Muitos acontecimentos, mesmo bem longínquos, ainda exigem que se seja fiel a eles. O pensamento não espera, e jamais esgotou sua reserva de força, a não ser para quem sucumbe no profundo desejo da conformidade, que é a via da morte.

Além disso, esperar não serve para nada, pois é da essência do acontecimento não ser precedido de nenhum signo e nos surpreender com sua graça, seja qual for a nossa vigilância.

Nietzsche, no diálogo de Zaratustra com o cão do fogo, diz que os acontecimentos verdadeiros chegam em pés de lã, que eles nos surpreendem no momento mais silencioso. Ele deveria ter reconhecido, nesse ponto assim como em muitos outros, sua dívida para com Paulo, que ele esmagou com sua vingança: "O dia do Senhor chegará como um ladrão na noite" (1 Ts. 5. 2).

POSFÁCIO
DE QUE FILOSOFIA DO ACONTECIMENTO A ESQUERDA PRECISA?

*Vladimir Safatle**

Alain Badiou é um nome que, desde os anos 1980, firmou-se como referência importante nos debates sobre a renovação do pensamento de esquerda. Junto com Jacques Rancière e Étienne Balibar, Badiou representa atualmente o desdobramento intelectual mais visível das experiências de maio de 1968. Mas, no seu caso, tal desdobramento não levou à constituição das políticas multiculturais da diferença ou da crítica pós-moderna dos universais. Marcado profundamente por uma certa articulação entre psicanálise e marxismo, ou seja, por um certo althussero-lacanismo conjugado a partir de uma longa militância maoísta, Badiou foi capaz de conservar temáticas clássicas do pensamento de esquerda em um tempo que parecia negá-las o direito de cidadania. Afinal, quem hoje estaria disposto a insistir no papel dos universais, na relação intrincada entre violência e política, na crítica aos limites da democracia parlamentar e das temáticas dos direitos do homem, no formalismo da concepção liberal de liberdade, na política como campo de realização da verdade de uma situação, na função central da igualdade como ordenadora das lutas políticas e na armadilha que consiste em suspender a política através de um certo discurso muito em voga sobre a moral?

De fato, Badiou não teme defender tais posições por meio de uma produção extensa que ultrapassa o quadro do que entendemos

---

* Professor livre-docente do Departamento de Filosofia da Universidade de São Paulo (USP), autor de *Cinismo e falência da crítica* (São Paulo, Boitempo, 2008). (N. E.)

132 • São Paulo

por filosofia política, já que se trata, no fundo, da reflexão sobre os impactos, no interior do campo do político, de uma ontologia renovada. Desde o início dos anos 1970, ele tenta articular esses dois projetos. De um lado, trata-se de recuperar a ontologia e, com isso, desenvolver uma teoria complexa capaz de dar atualidade à noção reguladora de ser. No entanto, a via de Badiou consiste em admitir a centralidade daquilo que Martin Heidegger um dia chamou de "questão ontológica", mas para explorá-la através da discursividade desencantada dos enunciados matemáticos. Podemos encontrar tal projeto de articulação entre ontologia e matemáticas, principalmente, em *O ser e o evento*[*] e no ainda não traduzido *Logique des mondes*[**] [Lógica dos mundos]. Badiou atualiza esse *topos* tradicional da filosofia referente à afirmação da matemática como via privilegiada de reflexão sobre o ser de uma maneira extremamente peculiar, principalmente por meio do recurso a Georg Cantor, Kurt Gödel, Richard Dedekind, Paul J. Cohen e teoria dos conjuntos a fim de mostrar como multiplicidades infinitas podem ser atuais.

De outro lado, Badiou quer pensar também aquilo que é um *acontecimento* (ou *evento,* em algumas traduções) capaz de ser apreendido apenas em suas relações com situações localizáveis (termo que não deixa de remeter a Sartre com suas *situations*) vinculadas a campos produtores de verdade, que são a política, a ciência, as artes e as relações amorosas. Noção de acontecimento que visa dar conta daquilo que não é o ser enquanto ser, sem ser simplesmente um não ser. Acontecimento necessariamente *a-normal,* instável, subtraído à representação ou, de maneira mais resumida, "histórico" e que tem a força de colocar situações em movimento[***]. Se nos focarmos na política, veremos que essa é a orientação fundamental de livros como *Ética, um ensaio sobre a consciência do mal*[****], *Compêndio de*

---

[*] Alain Badiou, *O ser e o evento* (trad. Maria Luiza X. de A. Borges, Rio de Janeiro, Jorge Zahar/UFRJ, 1996).

[**] Idem, *Logique des mondes* (Paris, Seuil, 2006).

[***] Ver, a esse respeito, as páginas dedicadas à noção de acontecimento em *O ser e o evento,* cit.

[****] Alain Badiou, *Ética: um ensaio sobre a consciência do mal* (trad. Antônio Trânsito e Ari Roitman, Rio de Janeiro, Relume Dumará, 1995).

metapolítica[*], *O século*[**], e neste *São Paulo: a fundação do universalismo* (originalmente lançado em 1997[*]). Poderíamos ainda acrescentar uma constante reflexão sobre temas da arte contemporânea, boa parte copilada na coletânea *Pequeno manual de inestética*[***].

Ontologia e política

Grosso modo, podemos dizer que Badiou parte do princípio de que a política não pode ser guiada por exigência de realização de ideais normativos de justiça e consenso *que já estariam atualmente presentes em alguma dimensão da vida social.* Pois isso nos impediria de desenvolver uma crítica mais profunda capaz de questionar a gênese de nossos próprios ideais e valores. Ou seja, a crítica não pode ser apenas a comparação entre situações concretas determinadas e normas partilhadas socialmente. Normas pretensamente capazes de fundar "uma legislação consensual que concerne aos homens em geral, suas necessidades, sua vida e sua morte"[****]. Como dizia Gilles Deleuze, essa é, no fundo, uma crítica de juizado de pequenas causas que se contenta em comparar normas e caso. Ela tende a submeter as injunções éticas a imperativos de "conservação, pelo pretenso Ocidente, daquilo que ele possui"[*****]. Antes, a verdade crítica precisa ter a força de se voltar contra nossos próprios critérios de validade, já que ela se pergunta se nossa forma de vida não seria mutilada a ponto de se orientar por valores resultantes de limitações das possibilidades da vida.

Daí porque Badiou não teme sequer fazer a crítica da democracia parlamentar e do indivíduo liberal como peças de uma forma mutilada de vida social que tenta esvaziar a possibilidade de todo acontecimento radical, assim como não teme fazer a crítica da

---

[*] Idem, *Compêndio de metapolítica* (Lisboa, Instituto Piaget, 1998).

[**] Idem, *O século* (Aparecida, Ideias e Letras, 2007).

[*] Idem, *Saint Paul: la fondation de l'universalisme* (Paris, Presses Universitaires de France, 1997). (N. E.)

[***] Idem, *Pequeno manual de inestética* (trad. Marina Appenzeller, São Paulo, Estação Liberdade, 2002).

[****] Idem, *L'éthique: essai sur la conscience du mal* (Caen, Nous, 2003), p. 20.

[*****] Ibidem, p. 30.

134 • São Paulo

colonização da política pela moral, a fim de procurar renovar as articulações possíveis entre ética e política. Pois se trata de mostrar como a experiência contemporânea da moral é, por um lado, marcada pela crença na possibilidade de enunciar causas de sofrimento social para além da determinação de contextos e situações, causas universalmente visíveis. A análise de situações é relegada a segundo plano, em prol de enunciações normativas gerais sobre "o Mal".

Notemos, nesse ponto, a presença de um certo "antijuridismo" profundo que está também claramente presente em *São Paulo: a fundação do universalismo**. Ele tem como uma de suas raízes uma filosofia que não vincula a dimensão do universal ao campo de normas consensuais que assegurariam uma racionalidade procedural generalizável e potencialmente institucionalizável. Antes, o universal está vinculado a *acontecimentos* que ocorrem em *situações* localizáveis que "colocam a língua em um impasse" por trazerem processos que ainda não tem nome, que devem ser pensados como "fora de lugar, como nomadismo da gratuidade" e que permitem o advento de um "sujeito desprovido de toda identidade", capaz de instaurar uma posição ex-cêntrica, indiferente em relação às possibilidades de ação postas pelo ordenamento jurídico, indiferente aos costumes e hábitos. Indiferença exposta de modo tão claro na frase-chave de Paulo: "Não há mais judeus nem gentios" que, para Badiou, marca um movimento decisivo na fundação de uma noção não identitária de universal e na elevação da *igualdade* a fundamento de vínculos sociais renovados.

Não será uma das menores surpresas trazidas por Badiou vincular tal noção de acontecimento à ideia paulina de *graça***. Nesse

---

* Lembremos, por exemplo, do sentido de uma afirmação como: "O que pode corresponder à universalidade de uma destinação? De qualquer maneira, não é a legalidade. A lei é sempre predicativa, particular e parcial. Paulo tem perfeita consciência do caráter sempre estatal da lei. Entendamos por 'estatal' o que enumera, nomeia e controla as partes de uma situação" (ver p. 90).

** Sobre a incidência de conceitos de forte teor teológico no pensamento de Badiou (como fidelidade e graça), vale a pena dar a palavra ao próprio: "Eu prefiro ser um ateu revolucionário escondido sob uma língua religiosa que um ' democrata' ocidental perseguidor de muçulmanos(as) e fantasiado de feminista laica" (Alain Badiou, *Second manifeste pour la philosophie*, Paris, Fayard, 2009, p. 149).

De que filosofia do acontecimento a esquerda precisa? • 135

ponto, podemos sugerir o que estaria por trás desse peculiar projeto de "retorno a Paulo"*. Como o jovem Hegel, Badiou parece disposto a procurar um modelo de crítica às formas de vida na modernidade através do retorno às potencialidades despertadas pelas primeiras comunidades cristãs com suas relações de reconhecimento baseadas no amor e na crítica ao caráter mortificado da lei. Tais primeiras comunidades teriam seu verdadeiro núcleo doutrinário no ensinamento de Paulo, a ponto de Badiou afirmar que as epístolas paulinas seriam os únicos textos realmente doutrinários do Novo Testamento.

Mas essa doutrina é extremamente econômica por se firmar, em última instância, quase que exclusivamente na boa nova da ressurreição. Badiou lembra que não se trata apenas da ressurreição do Cristo, mas principalmente da exortação a "nascer de novo" destinada a todo cristão, um nascer de novo que marca o sentido do que aconteceu a Paulo no caminho para Damasco. Esse nascer de novo que teria a força de instauração de sujeitos é compreendido por Badiou como "imanentização do espírito", como possibilidade de instauração de uma vida que não é mais assombrada pela finitude da morte, já que "a morte não é um destino, mas uma escolha"**. Como

---

* Sobre a persistência desse "retorno a Paulo" no pensamento da nova esquerda, ver ainda: Slavoj Žižek, *The Puppet and the Dwarf: The Perverse Core of Christianity* (Cambridge-MA, MIT, 2003); e Giorgio Agamben, *Il tempo che resta: un commento alla Lettera ai Romani* (Torino, Bollati Boringhieri, 2000, Coleção Saggi).

** Nota-se, com isso, que o conceito de "vida" em Badiou não se vincula a uma filosofia da vida com fortes empréstimos advindos da biologia, como é o caso de autores-chave para o pensamento francês, como Gilles Deleuze, Gilbert Simondon e Georges Canguilhem. Daí uma afirmação central como: "Contra a tradição vitalista (aristotélica) que vai a Deleuze passando pelos estoicos, Nietzsche e Bergson, a tradição (platônica) que eu amaria chamar de 'matematista' (tradição da qual Badiou faria parte) afirma em suma que o segredo de uma 'vida verdadeira' não se encontra em absoluto ao lado das ciências da vida, que fazem da humanidade apenas uma espécie animal ligeiramente excessiva, mas, pelo contrário, ao lado da transparência estelar das formas inteligíveis e de sua dialética que constrói sob o nome de 'pensamento' próprio ao animal humano, pontos de indiscernibilidade formal entre a afirmação vital e a eternidade construtiva" (Alain Badiou, *Le concept de modèle*, Paris, Fayard, 2007, p. 22).

136 • São Paulo

o parentesco com o jovem Hegel parece muito próximo (poderíamos lembrar como *amor* e *vida* são, para o filósofo alemão, em sua primeira fase, princípios fundadores de vínculos sociais capazes de nos curar das cisões da modernidade), Badiou precisa especificar a peculiaridade de sua via através de um capítulo que, não por acaso, tem o nome de "A antidialética da morte e da ressurreição". Maneira de tomar distância, ao menos nesse momento, das temáticas hegelianas da força produtiva da negatividade da morte.

Por outro lado, isso possibilita criticar tendências que procuram vincular a experiência moral às temáticas da finitude do indivíduo, desse indivíduo exposto ao sofrimento, à morte, às catástrofes históricas das múltiplas formas de campos de concentração. Vida que, segundo Badiou, reduz o sujeito à "persistência da animalidade" (notemos uma reincidência recorrente da distinção clássica entre *humanitas* e *animalitas*, entre *espírito* e *carne*, o que não é desprovido de consequências). Em suma, indivíduo que deve ser reconhecido primeiramente na sua condição de vítima em potencial[*]. Como se a "humanidade" do homem só aparecesse quando o interrogamos na sua condição de vítima ou, se quisermos utilizar um termo de Badiou, de "animal humano".

Mas essa redução do sujeito à condição privilegiada de vítima é uma maneira astuta de reduzir o campo do político, pois se trata de levar sujeitos a transformarem suas demandas políticas em exigências de reparação subjetiva, a transformarem expectativas de reconfiguração do campo social em demanda de cuidado psicológico e reconhecimento. Assim, Badiou pode lembrar que algo une refugiados vítimas do "mal radical", pacientes com depressão vítimas de seus próprios corpos, neuróticos vítimas de constelações familiares, trabalhadores vítimas do desmantelamento do estado de proteção social (e que não procuram superá-lo de maneira revolucionária, mas simplesmente continuar protegidos). A lista é heteróclita e extensa. No

---

[*] Segundo Badiou, tal posição poderia ser encontrada, com diferenças de grau, em Lévinas e mesmo em Adorno. Ver, por exemplo, a conferência de Badiou, *De la dialectique négative dans sa connexion à un certain bilan de Wagner*, disponível em: <http://www.entretemps.asso.fr/Adorno/Badiou>.

entanto, demonstra como uma lógica convergente atua em campos autônomos da vida social. Trata-se de uma lógica que, ao mesmo tempo que reconhece a correção das demandas sociais, desloca-as para um campo fora do político com sua dinâmica de modificações estruturais, ou seja, para um campo de demandas de reparação da individualidade lesada, demandas direcionadas a um poder que deve ser reconhecido como tal para poder satisfazer tais demandas.

Essa maneira de levar a cabo a crítica social é uma temática presente no pensamento francês dos últimos trinta anos vista, muitas vezes, como fruto de uma certa crítica totalizante que, ao se voltar contra a extensão dos nossos valores, acaba por perder o solo que poderia fundamentá-la. Pois em nome de qual valor criticamos os valores socialmente partilhados? Em nome do que estaríamos dispostos a colocar em risco nossas estruturas jurídico-institucionais? Por outro lado, tal crítica, ao se transformar em crítica da moral, parece ser animada por um certo anti-humanismo militante em momento algum relegado por Badiou[*]. E em nome de quê podemos dizer que nossa "humanidade" é uma construção que visa nos rebaixar à condição política de vítimas?

É nesse ponto que Badiou propõe uma operação filosófica que consiste em fundamentar a crítica social em uma ontologia capaz de refletir sobre os modos de manifestação do ser e de constituição de sujeitos a partir da *fidelidade* a acontecimentos. Mas, com isso, parece que encontramos mais problemas do que soluções. Pois uma forma de vida pensada em sua articulação com uma ontologia do ser não seria uma verdadeira porta aberta para um certo totalitarismo que procura medir nossas potencialidades a partir de um discurso que visa falar em nome do próprio ser? E por que afinal a esquerda precisaria dessa "tentação ontológica" para fundamentar sua crítica social? Não bastaria simplesmente apelar à existência do sofrimento social resultante da opressão de classe, da pauperização persistente e das práticas disciplinares presentes em múltiplas instituições sociais?

Não para Badiou. Pois como a crítica quer ser totalizante, como ela quer invalidar valores e não apenas casos, o sofrimento social não

---

[*] Ver, por exemplo, o último capítulo de Alain Badiou, *O século,* cit.

138 • São Paulo

pode ser compreendido como advindo da impossibilidade de realizar expectativas de justiça devido à realidade da opressão e da miséria, expectativas de realização de si devido à realidade das práticas disciplinares. Esse sofrimento social deve ter uma raiz ontológica, vinculado à impossibilidade de manifestação de algo de fundamental para a determinação dos sujeitos. Pois sujeitos não são apenas individualidades resultantes de processos de socialização e de formação do Eu que se desenrolam na família, nas instituições, nas comunidades, no Estado. Sujeitos são operações que colocam indivíduos para além do que família, instituições, comunidades, Estado podem produzir e legitimar. Sujeitos são operações que resultam em algum tipo de ancoragem em uma transcendência que se manifesta como ruptura. O que lhe permite afirmar: "Como ele o é de uma verdade, um sujeito se substrai a toda comunidade e destrói toda individuação"[*].

Paixão pelo real

Se voltarmos à articulação entre ontologia e política em Badiou, devemos admitir que essa "tentação ontológica" corre o risco de ser uma mera construção peculiar de engenharia intelectual francesa se não fizer prova de alto potencial explicativo. É neste ponto que vale a pena voltarmos os olhos para um pequeno livro no qual Badiou articula ontologia e uma versão muito própria de algo que poderíamos chamar de "filosofia da história". Trata-se de *O século*, livro que se apresenta como uma reflexão filosófica sobre o sentido das experiências históricas do século XX.

Grosso modo, podemos dizer, seguindo Badiou, que o sentido do curto século XX com suas rupturas, catástrofes e inventividade foi a realização de uma "paixão pelo real" e da procura pelo "homem novo". O termo "paixão pelo real" é uma construção que visa dar uma resposta determinada a questões como: qual é a origem do sofrimento social que sustentou, no século XX, a crítica às nossas formas de vida naquilo que elas tem de mais fundamentais? A resposta de Badiou é: nosso sofrimento vem de uma paixão, um afeto produzido pelas exigências de manifestação de um real "horrível e entusiasmante, mortífero e criador" que deve, no limite, nos livrar

---

[*] Idem, *Logique des mondes*, cit.

De que filosofia do acontecimento a esquerda precisa? • 139

de uma subjetividade esgotada a fim de instaurar um homem novo, que não deixa de ressoar temas da ressurreição de si presentes no texto sobre o apóstolo Paulo, mostrando como esse pequeno texto procurava, no fundo, pensar as bases de uma certa "subjetividade revolucionária" que ainda marcaria de maneira profunda a experiência histórica da modernidade.

Esse real do qual fala Badiou vem, no entanto, de Jacques Lacan[*]. O psicanalista francês havia desenvolvido a teoria de que o comportamento humano era orientado a partir de três instâncias distintas: o Imaginário (dimensão de imagens ideais que guiam a conduta), o Simbólico (dimensão das estruturas sociais) e o Real. Aqui, o Real não deve ser entendido como um horizonte de experiências concretas acessíveis à consciência imediata. O Real não está ligado a um problema de descrição objetiva de estados de coisas. Diz respeito a *um campo de experiências subjetivas,* fortemente marcado por reflexões ontológicas e que não pode ser adequadamente simbolizado ou colonizado por imagens. Isso nos explica por que o Real é sempre descrito de maneira negativa, como se fosse para mostrar que há experiências que só se oferecem ao sujeito sob a forma de processos disruptivos.

Nesse sentido, Lacan insiste que a lógica do comportamento humano não pode ser totalmente explicada a partir do cálculo utilitarista de maximização do prazer e de afastamento do desprazer. Há atos cuja inteligibilidade exige a introdução de um outro campo conceitual com sua lógica própria, um campo *pulsional* que

---

[*] Notemos uma separação instrutiva no recurso de Badiou a Lacan. O psicanalista lhe interessa por permitir levar ao extremo a exigência de uma teoria do sujeito capaz de realizar o lema "formalizar sem antropologizar" (Alain Badiou, *O século,* cit.). Trata-se de uma outra maneira de continuar o mote de pensar uma teoria do sujeito a partir da crítica do psicologismo. No entanto, isso leva Badiou, no limite, a secundarizar as discussões sobre gênese empírica, com suas limitações, assim como a elevar o conceito de pulsão a uma espécie de conceito de ancoragem transcendental. Pois se é certo que há em Lacan a crítica reiterada do *Homo psychologicus,* talvez seja para pensar o advento de um "psicológico sem interioridade" que conserva a irredutibilidade de processos empíricos na determinação das condições de validade de todo pensar. Esse talvez seja um ponto em que Badiou e Lacan não podem caminhar totalmente juntos.

140 • São Paulo

desarticula distinções estritas entre prazer e desprazer por colocar o Eu sempre diante de uma certa dissolução de si que produz, ao mesmo tempo, satisfação pulsional e terror. Indistinção entre satisfação e terror que Lacan chama de "gozo".

A estratégia de Badiou consistiu em mostrar como essa experiência disruptiva inscrita na essência da conduta do sujeito foi o motor da nossa história recente. História revolucionária na qual se imbricam violência, criação, destruição e procura. Recalcar essa história como se fosse questão de uma sucessão de catástrofes (e a primeira delas seria o comunismo) ou, para falar com Habermas, como se esse impulso não passasse de uma estetização da violência e do excesso com consequências políticas aterradoras é, para Badiou, no fundo, uma maneira de pregar o evangelho de uma vida que prefere atrelar-se à finitude que assumir uma temporalidade que se manifesta como ruptura e negação. Ou seja, a filosofia da história que Badiou propõe não é cumulativa ou teleológica, mas visa fornecer as condições nas quais uma verdade apareça como "interrupção", como "exceção radical".

É tendo tais questões em vista que devemos compreender afirmações como: "A própria ideia de uma 'ética' consensual, que parte do sentimento geral provocado pela visão das atrocidades e que se substitui às 'velhas divisões ideológicas', é um fator potente de resignação subjetiva e de consentimento ao que existe"[*]. Podemos interpretar uma afirmação como essa insistindo que não se trata, em absoluto, de negar que, a partir da segunda metade do século XX, qualquer pensamento que queira de fato estar à altura dos acontecimentos históricos precisa ter a força de "evitar a catástrofe". Mas trata-se também de insistir que *nenhuma filosofia pode ser solidária apenas de um acontecimento meramente negativo (evitar algo, impedir que algo aconteça novamente etc.). Toda verdadeira filosofia traz também consigo a exigência de pensar a partir de um acontecimento portador de promessas instauradoras.* Mesmo a ação de evitar o pior só encontra força se for portada por promessas instauradoras.

Trata-se assim, no fundo, de defender uma outra leitura da história do século XX. Ou seja, trata-se de insistir que uma das maiores

---

[*] Alain Badiou, *L'éthique*, cit., p. 50.

De que filosofia do acontecimento a esquerda precisa? • 141

características do século foi a luta pela abertura do que ainda não tem figura, luta pelo advento daquilo que não se esgota na repetição compulsiva do homem atual e de seus modos. Essas lutas podem ser encontradas nas discussões próprias aos campos da estética, do político, das clínicas da subjetividade, da filosofia. Daí porque Badiou pode colocar no mesmo patamar acontecimentos tão díspares entre si quanto a Segunda Escola de Viena, a Revolução Russa, a poesia de Stéphane Mallarmé e a matemática de Cantor.

Tais colocações são importantes porque, em vários momentos de nossa história recente, tais lutas mostraram grande possibilidade de mover a história, engajar sujeitos na capacidade de viverem para além do presente. No entanto, vemos atualmente um grande esforço em apagá-las, isso quando não se trata apenas de criminalizá-las, como se as tentativas do passado em escapar das limitações da figura atual do homem devessem ser compreendidas, em sua integralidade, como simples descrições de processos que necessariamente se realizariam como catástrofe. Como se não fosse mais possível olhar para trás e, levando em conta os fracassos, pensar em maneiras novas de recuperar tais momentos nos quais o tempo para e as possibilidades de metamorfose do humano são múltiplas. Como se não pudéssemos colocar a questão: não é necessário, muitas vezes, que uma ideia fracasse inicialmente para que possa ser recuperada em outro patamar e, enfim, realizar suas potencialidades? Quantas vezes, por exemplo, o republicanismo precisou fracassar para se impor como horizonte fundamental de nossas formas de vida? A pergunta que Badiou quer atualmente colocar é: não seria o mesmo com "a hipótese comunista"[*]?

A perspectiva de Badiou tem o mérito de insistir na necessidade de desconfiarmos daqueles que querem nos ensinar a cartilha do passado que cheira enxofre e do futuro que não pode ser muito diferente daquilo que já existe. Talvez seja o caso, então, de dizer que tudo que conseguirão os defensores de tal cartilha, brandos ou não, é bloquear nossa capacidade de agir a partir de uma humanidade por vir, nos acostumar com um presente no qual, no fundo, ninguém

---

[*] Idem, *L'hypothèse communiste* (Paris, Lignes, 2009).

acredita e a respeito do qual muitos já se cansaram. Ou seja, elevar o medo a afeto central da política.

É claro que há várias questões no interior da experiência intelectual de Alain Badiou que são passíveis de discussão. No entanto, a importância de uma experiência intelectual sempre foi mesurada pelos problemas que é capaz de produzir, condição para a impulsão do pensamento. E, nessa perspectiva, o pensamento de Badiou é da mais alta importância para a contemporaneidade, assim como para a superação possível de seus impasses.

OBRAS DO AUTOR

Le concept de modèle: introduction à une épistémologie matérialiste des mathématiques (Paris, Maspero, 1969). [Ed. bras.: *Sobre o conceito de modelo.* São Paulo/Lisboa, Mandacaru/Estampa, 1989.]

Théorie du sujet (Paris, Seuil, 1982). [Ed. bras.: *Para uma nova teoria do sujeito.* Rio de Janeiro, Relume Dumará, 1994.]

Peut-on penser la politique? (Paris, Seuil, 1985).

Beckett, l'increvable désir (Paris, Hachette, 1995).

L'être et l'événement (Paris, Seuil, 1988). [Ed. bras.: *O ser e o evento.* Rio de Janeiro, Jorge Zahar, 1996.]

Manifeste pour la philosophie (Paris, Seuil, 1989). [Ed. bras.: *Manifesto pela filosofia.* Rio de Janeiro, Aoutra, 1991.]

Le nombre et les nombres (Paris, Seuil, 1990).

Conditions (Paris, Seuil, 1992).

L'éthique: essai sur la conscience du mal (Paris, Hatier, 1993). [Ed. bras.: *Ética: um ensaio sobre a consciência do mal.* Rio de Janeiro, Relume Dumará, 1995.]

Deleuze: la clameur de l'Être (Paris, Hachette, 1997). [Ed. bras.: *Deleuze: o clamor do ser.* Rio de Janeiro, Jorge Zahar, 1997.]

Saint Paul: la fondation de l'universalisme (Paris, PUF, 1997). [Ed. bras.: *São Paulo: a fundação do universalismo.* São Paulo, Boitempo, 2009.]

Court traité d'ontologie transitoire (Paris, Seuil, 1998). [Ed. port.: *Breve tratado de ontologia transitória.* Lisboa, Instituto Piaget, 1998.]

Petit manuel d'inesthétique (Paris, Seuil, 1998). [Ed. bras.: *Pequeno manual de inestética.* São Paulo, Estação Liberdade, 2002.]

Abrégé de métapolitique (Paris, Seuil, 1998). [Ed. port.: *Compêndio de metapolítica.* Lisboa, Instituto Piaget, 1998.]

Siècle (Paris, Seuil, 2005). [Ed. bras.: *O século.* Aparecida, Ideias e Letras, 2007.]

Après la finitude: essai sur la nécessité de la contingence (Paris, Seuil, 2006).

Logique des mondes – L'être et l'événement, 2 (Paris, Seuil, 2006).

De quoi Sarkozy est-il le nom? (Paris, Lignes, 2007).

Petit panthéon portatif (Paris, La Fabrique, 2008).

L'antiphilosophie de Wittgenstein (Caen, Nous, 2009).

Second manifeste pour la philosophie (Paris, Fayard, 2009).

L'hypothèse communiste (Paris, Lignes, 2009). [Ed. bras.: *A hipótese comunista.* São Paulo, Boitempo, 2012.]

Este livro foi composto em Adobe Garamond Pro, corpo 11/14, e reimpresso em papel Avena 80g/m² pela gráfica Forma Certa, para a Boitempo, em fevereiro de 2025, com tiragem de 100 exemplares.